KB231513

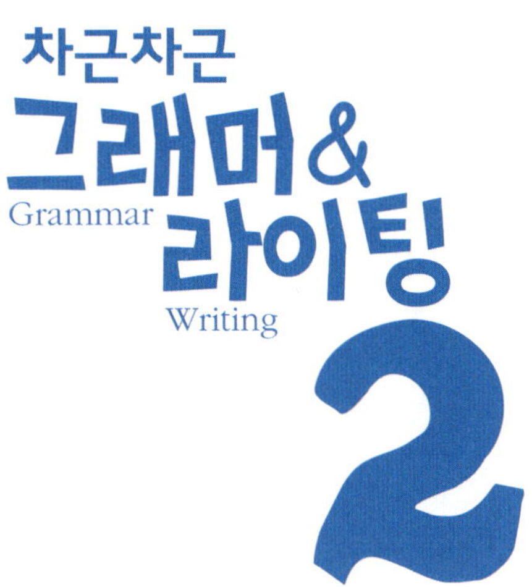

차근차근
그래머 &
Grammar
라이팅
Writing
2

차근차근 그래머 & 라이팅 2

저자 | E2K
초판 1쇄 발행 | 2015년 4월 8일
초판 2쇄 발행 | 2021년 3월 5일

발행인 | 박효상
편집장 | 김현
기획 · 편집 | 김설아
디자인 | 이연진
마케팅 | 이태호, 이전희
관리 | 김태옥

편집 | 강윤혜
디자인 | 신지아

종이 | 월드페이퍼
인쇄 · 제본 | 현문자현

출판등록 | 제10-1835호
발행처 | 사람in
주소 | 04034 서울시 마포구 양화로11길 14-10(서교동) 3F
전화 | 02) 338-3555(代)   팩스 | 02) 338-3545
E-mail | saramin@netsgo.com
Website | www.saramin.com

:: 책값은 뒤표지에 있습니다.
:: 파본은 바꾸어 드립니다.

ISBN 978-89-6049-421-3 13740
       978-89-6049-419-0 (set)

우아한 지적만보, 기민한 실사구시 **사람in**

차근차근 그래머 & 라이팅

Grammar

Writing

E2K 지음

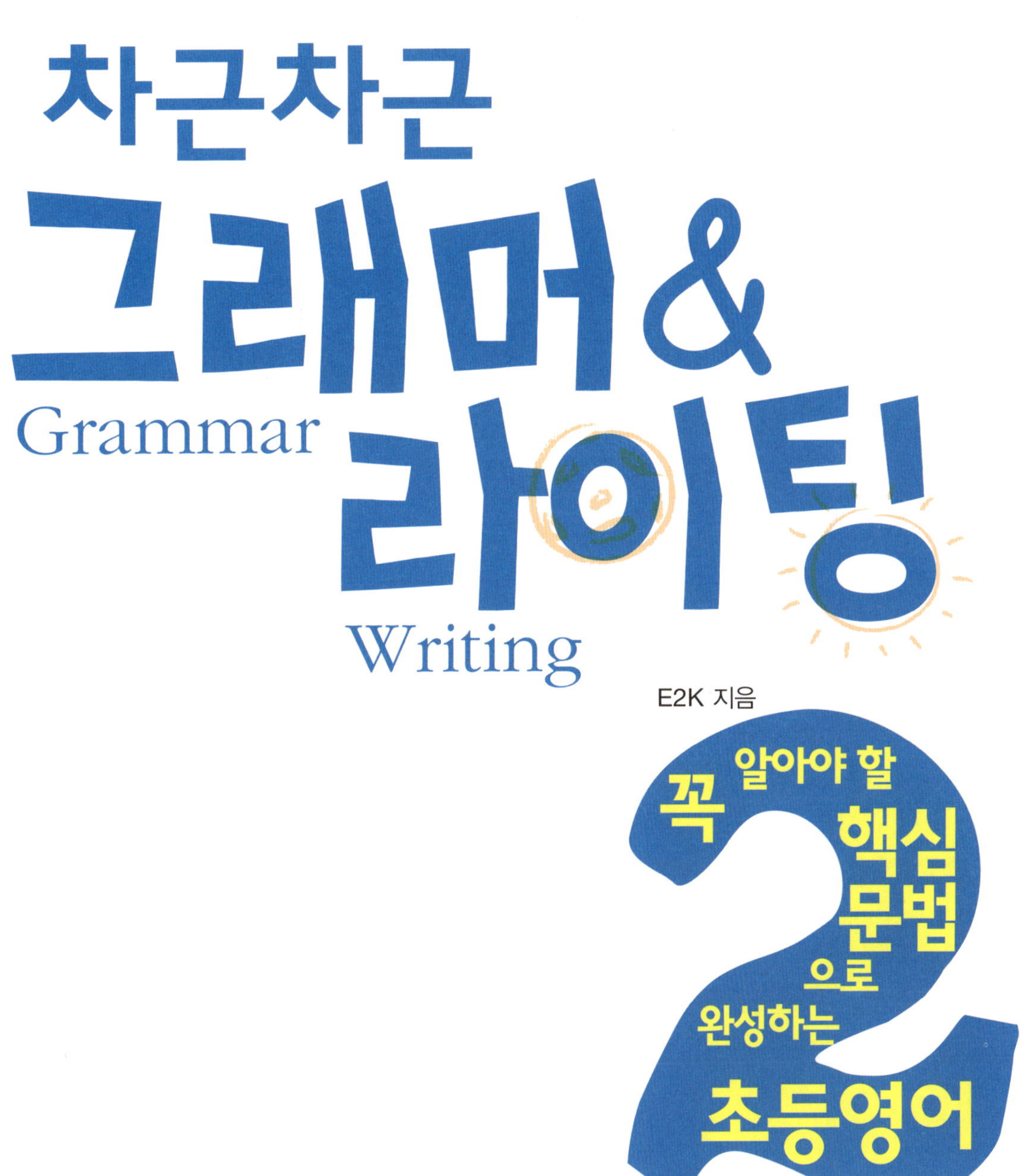

사람in
saram in.com

Preface 

영어 쓰기를 통해 문법이 완성된다!

영어를 챕터북이나 리더스 시리즈로 시작한 많은 아이들이 문장을 만들라고 하면 어떤 순서로 단어들을 나열해야 할지 몰라 헤맵니다. 영어 책을 술술 읽고 뜻도 잘 이해하는데 하고 싶은 말을 제대로 못하는 언어적인 한계에 부딪힌 것입니다. 이때부터 아이들은 점점 영어에 흥미를 잃고 영어가 어렵다고 여깁니다.

왜냐하면, 영어를 문자로 받아들이긴 잘했지만 언어로 만드는 방법은 제대로 학습하지 않았기 때문입니다. 이때 영문법이 단어를 어떻게 알맞게 배열하여 문장을 만드는지 알려주는 길잡이가 됩니다. 필수 문법 사항을 배우면, 알고 있는 단어들을 적재적소에 배열해 내 생각을 문장으로 쉽게 만들 수 있습니다. 언어로서 영어를 말하고 쓰는데 꼭 필요한 것이지요.

이 책은 문장 안에서 단어의 위치와 쓰임을 보여주어 차근차근 영문법을 이해하도록 합니다. 기본 문장들을 되도록 많이 읽게 하고 풍부한 그림으로 한눈에 뜻을 파악할 수 있게 했습니다. 어려운 문법 용어가 가득한 설명은 금방 잊기 쉽습니다. 하지만 스스로 문법을 사용하고 원리를 터득하여 문법을 받아들이면 오래도록 내 것이 됩니다.

이 책의 또 하나의 큰 특징은 스스로 글을 쓰게 한다는 것입니다. 먼저, 완성된 글을 읽으며 문장에 대한 감을 익히도록 합니다. 그리고 글을 들으며 빈칸을 채웁니다. 마지막으로 처음부터 끝까지 스스로 글을 완성하게 합니다. 〈완성된 글 읽어보기 → 빈칸을 채워 글 완성하기 → 한 편의 글을 직접 써보기〉를 통해 그동안 배운 것을 충분히 활용해 볼 수 있습니다. 이런 글쓰기 훈련은 문법을 자연스럽게 체화하여 막힘없이 쓸 수 있는 힘을 길러 줍니다.

영어가 스트레스가 아닌 언어로 아이들에게 다가가게 하려고 고민했습니다. 재미있는 영어 동화책이나 애니메이션을 보고 싶어서 배우는 영어, 신나는 영어 노래를 부르고 싶어서 배우는 영어, 외국인 친구와 대화하기 위해 배우는 영어. 이 책이 그런 마음을 싹틔우는 씨앗이 되길 바랍니다.

2015년 2월

E2K

Table of Contents

※ 정답은 **WORKBOOK** 32쪽에 있습니다.

How to Use This Book

음원파일은 www.saramin.com 자료실에서 다운로드 받으실 수 있습니다.

1 개념 이해하기 문장을 직접 쓰기 위해서는 문장의 개념부터 알아야 합니다. 「차근차근 그래머&라이팅」에는 영어로 글을 쓰기 위해 꼭 필요한 36가지 필수 문법 사항을 쉬운 설명과 그림으로 실었습니다. 글쓰기에 앞서 문법에 대한 일반적인 쓰임과 내용을 쉽게 이해해 보세요.

2 듣고 따라 읽기 문법을 외우기만 한다면 금방 잊고 맙니다. 문법 요소가 자연스럽게 녹아 있는 대표 예시 문장과 짧은 글을 듣고 큰 소리로 따라 읽으세요. 원어민 음성이 담긴 MP3 파일을 활용해 여러 번 따라 읽다 보면 자연스럽게 문장 구조를 파악할 수 있습니다.

3 스스로 쓰기 앞에서 배운 필수 문법을 잘 알고 있다면 영어로 문장을 만들 수 있습니다. 먼저 원어민 음성으로 녹음된 글을 들으며 베껴 써 보세요. 문법 사항을 알고 있기 때문에 문장이 확실하게 들릴 거예요. 그리고 마지막으로 그동안 쌓은 문법 실력을 글쓰기에 활용해 보세요. 영어 문장 쓰기를 통해 영문법이 내 것이 됩니다.

Step1 Grammar Training Process

필수 문법 포인트를 자연스럽게 체득하는 단계

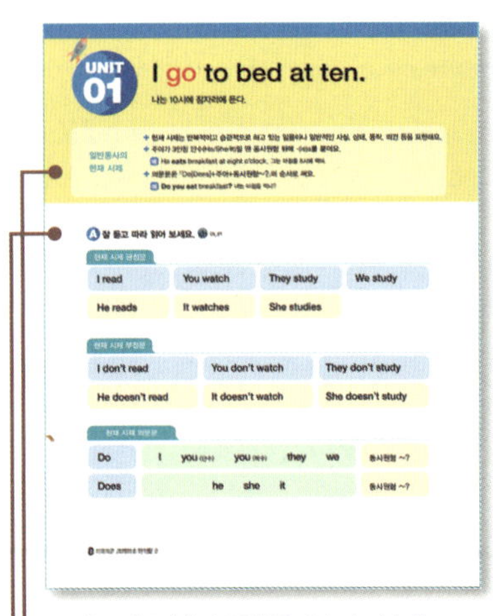

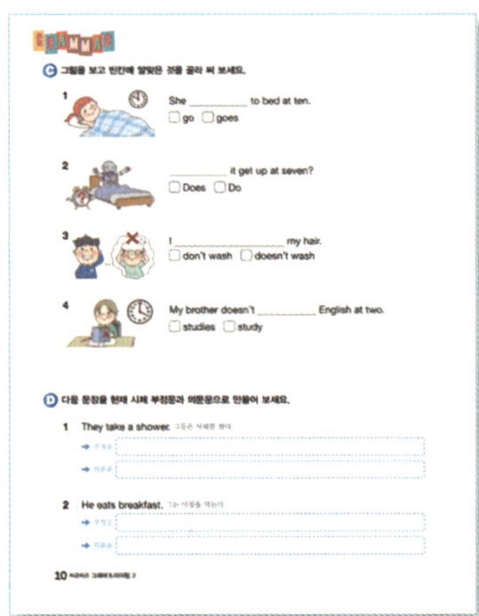

오늘의 필수 문법을 알기 쉽게 정리합니다.

Ⓐ 오늘의 필수 문법을 한눈에 이해하고, 원어민의 음성을 듣고 따라 읽으며 머리에 쏙쏙 채웁니다.

Ⓑ 원어민의 음성을 듣고 오늘의 필수 문법 문장을 따라 읽습니다. 자연스럽게 문장 구조를 파악하여 글쓰기 기본기를 습득합니다.

ⒸⒹ 오늘의 필수 문법을 이용해 문장을 완성합니다. 문법을 확실히 파악하고 문장으로 나타내는 연습을 합니다.

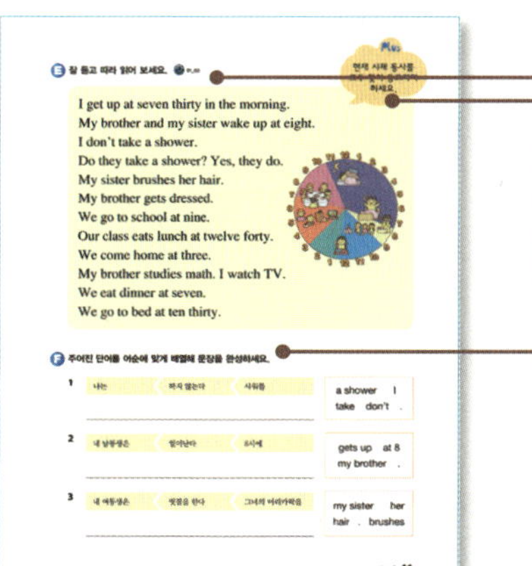

E 오늘의 필수 문법이 들어 있는 글입니다. 원어민의 음성을 듣고 따라 읽으며 문장과 친숙해지고 글쓰기의 감을 익힙니다.

Plus 글에서 오늘의 필수 문법이 어디에 어떻게 쓰였는지 확인해 봅니다.

F 앞에서 배운 문법을 활용하여 스스로 문장을 만드는 훈련을 합니다.

Step2 Writing Training Process

필수 문법을 글쓰기에 적용하는 단계

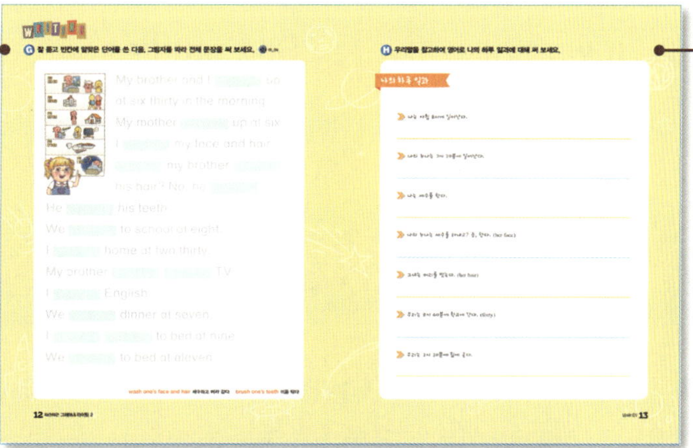

G 원어민의 음성을 듣고 빈칸을 채우는 듣기와 쓰기 통합 활동입니다. 듣고 따라 쓰며 재미있게 글을 완성하게 됩니다.

H 완성한 **G**의 글을 참고하여 한 편의 글을 씁니다. 처음부터 끝까지 스스로 써 보는 글쓰기로 문법을 완벽하게 마스터하게 합니다.

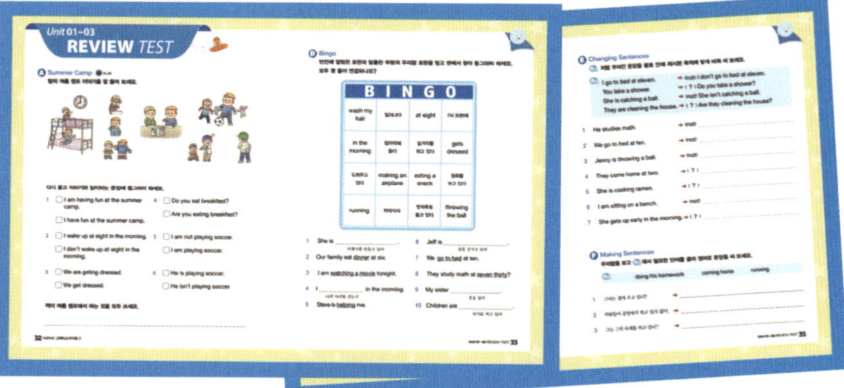

★ REVIEW TEST

3개 유닛이 끝날 때마다 앞에서 배운 필수 문법을 종합적으로 활용하여 재미있게 확인 학습합니다.

※ 각 유닛을 공부한 후에 WORKBOOK으로 다시 한번 실력을 단단하게 다질 수 있습니다.

UNIT 01

I go to bed at ten.

나는 10시에 잠자리에 든다.

일반동사의 현재 시제

+ 현재 시제는 반복적이고 습관적으로 하고 있는 일들이나 일반적인 사실, 상태, 동작, 의견 등을 표현해요.
+ 주어가 3인칭 단수(He/She/It)일 땐 동사원형 뒤에 -(ie)s를 붙여요.
  예 He **eats** breakfast at eight o'clock. 그는 아침을 8시에 먹어.
+ 의문문은 「Do[Does]+주어+동사원형~?」의 순서로 써요.
  예 **Do you eat** breakfast? 너는 아침을 먹니?

A 잘 듣고 따라 읽어 보세요. 01_01

현재 시제 긍정문

I read	You watch	They study	We study
He reads	It watches	She studies	

현재 시제 부정문

I don't read	You don't watch	They don't study
He doesn't read	It doesn't watch	She doesn't study

현재 시제 의문문

Do	I　you (단수)　you (복수)　they　we	동사원형 ~?
Does	he　she　it	동사원형 ~?

B 잘 듣고 세 번씩 따라 읽어 보세요. 🎧 01_02

1 

I don't take a shower.
나는 샤워를 하지 않는다.

2 
My sister washes her hair every day.
나의 여동생은 매일 머리를 감는다.

3 
My brother doesn't brush his hair.
나의 형은 머리를 빗지 않는다.

4 
My brother studies math.
나의 형은 수학을 공부한다.

5 
Does he go to school?
그는 학교에 가니?

6 
Our class eats lunch at twelve forty.
우리 반은 12시 40분에 점심을 먹는다.

7 
I get up at seven thirty in the morning.
나는 아침 7시 30분에 일어난다.

8 
Do they get up early in the morning?
그들은 아침에 일찍 일어나니?

9 
We go to bed at ten.
우리는 10시에 잠자리에 든다.

10 
Mom goes to bed at ten thirty.
엄마는 10시 30분에 잠자리에 든다.

Words

take a shower 샤워를 하다	**math** 수학	**get up** (잠자리에서) 일어나다
wash one's hair 머리를 감다	**go to school** (공부하러) 학교에 가다	**in the morning** 아침에
every day 매일	**class** 반, 학급	**go to bed** 잠자리에 들다
brush one's hair 머리를 빗다	**lunch** 점심	
studies 공부하다 (원형은 study)	**at + 시간** ~시에	

C 그림을 보고 빈칸에 알맞은 것을 골라 써 보세요.

1 She ___________ to bed at ten.
☐ go ☐ goes

2 ___________ it get up at seven?
☐ Does ☐ Do

3 I ___________________ my hair.
☐ don't wash ☐ doesn't wash

4 My brother doesn't ___________ English at two.
☐ studies ☐ study

D 다음 문장을 현재 시제 부정문과 의문문으로 만들어 보세요.

1 They take a shower. 그들은 샤워를 한다.

➡ 부정문

➡ 의문문

2 He eats breakfast. 그는 아침을 먹는다.

➡ 부정문

➡ 의문문

E 잘 듣고 따라 읽어 보세요.  01_03

I get up at seven thirty in the morning.

My brother and my sister wake up at eight.

I don't take a shower.

Do they take a shower? Yes, they do.

My sister brushes her hair.

My brother gets dressed.

We go to school at nine.

Our class eats lunch at twelve forty.

We come home at three.

My brother studies math. I watch TV.

We eat dinner at seven.

We go to bed at ten thirty.

F 주어진 단어를 어순에 맞게 배열해 문장을 완성하세요.

1 나는 　　 하지 않는다 　　 샤워를

> a shower　I
> don't take　.

____

2 내 남동생은 　　 일어난다 　　 8시에

> gets up　at 8
> my brother　.

____

3 내 여동생은 　　 빗질을 한다 　　 그녀의 머리카락을

> my sister　her
> hair .　brushes

____

G 잘 듣고 빈칸에 알맞은 단어를 쓴 다음, 그림자를 따라 전체 문장을 써 보세요.  01_04

My brother and I _______ up at six thirty in the morning.
My mother _______ up at six.
I _______ my face and hair.
_______ my brother _______ his hair? No, he _______.
He _______ his teeth.
We _______ to school at eight.
I _______ home at two thirty.
My brother _______ _______ TV.
I _______ English.
We _______ dinner at seven.
I _______ _______ to bed at nine.
We _______ to bed at eleven.

wash one's face and hair 세수하고 머리 감다   brush one's teeth 이를 닦다

나의 하루 일과

▶ 나는 아침 8시에 일어난다.

____

▶ 나의 누나는 7시 30분에 일어난다.

____

▶ 나는 세수를 한다.

____

▶ 나의 누나는 세수를 하냐고? 응, 한다. (her face)

____

▶ 그녀는 머리를 빗는다. (her hair)

____

▶ 우리는 8시 40분에 학교에 간다. (forty)

____

▶ 우리는 3시 30분에 집에 온다.

____

>> 나의 누나는 농구를 하지 않는다. (play basketball)

>> 그녀는 TV를 본다.

>> 나는 수학 공부를 한다.

>> 우리는 6시 30분에 저녁식사를 한다.

>> 우리는 10시에 잠자리에 든다.

하루 일과를 그려보세요!

알아둘까요?

옷

티셔츠

T-shirt

재킷

jacket

치마

skirt

바지

pants

원피스

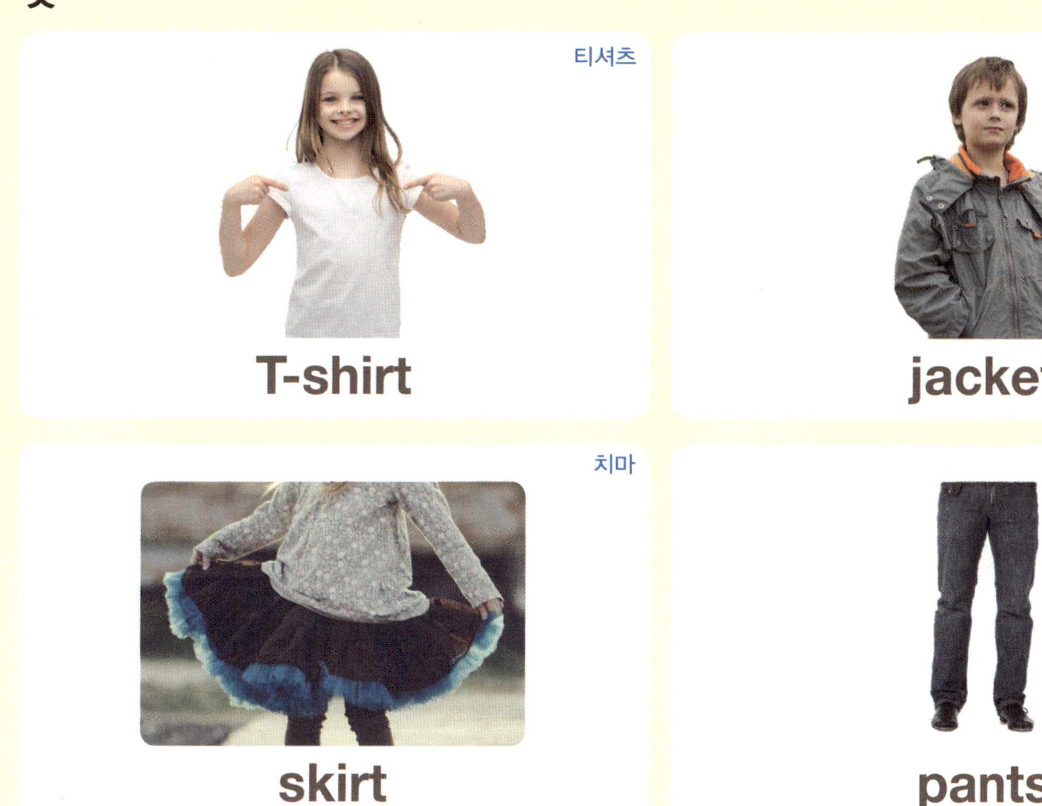

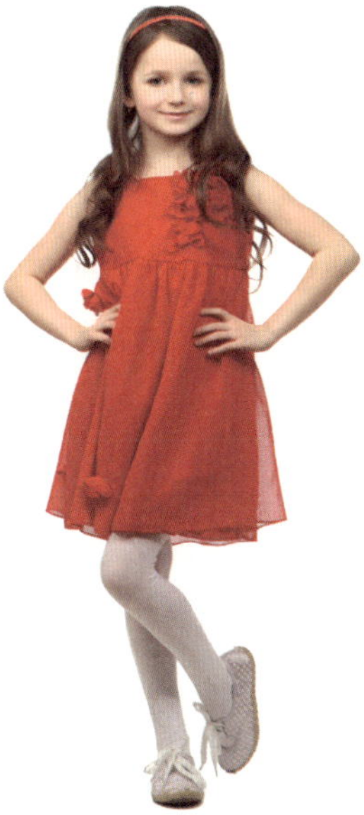

dress

정장

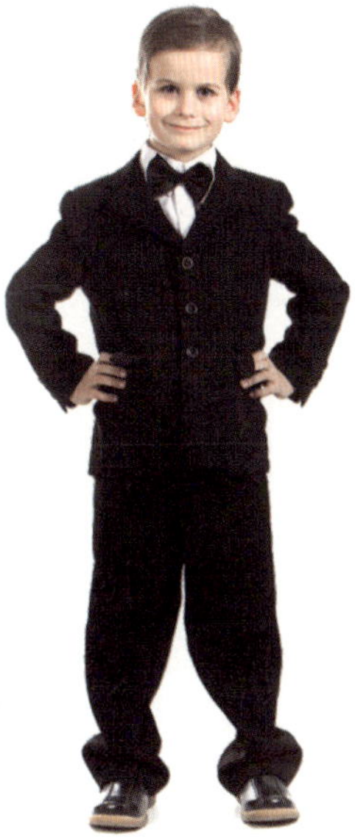

suit

UNIT 02

A woman **is sitting** on a bench.

한 여자가 벤치에 앉아 있다.

현재 진행 시제

+ 지금 이 순간 진행되고 있는 일이나 상태를 표현하고 싶을 때는 현재 진행 시제를 씁니다.
+ 현재 진행 시제는 「be동사 현재 시제＋동사-ing」로 나타냅니다.

예 I **am studying** English. 나는 영어 공부를 하고 있다.
She **is playing** the piano. 그녀는 피아노를 치고 있다.
We **are reading** a book. 우리는 책을 읽고 있다.

A 잘 듣고 따라 읽어 보세요. 02_01

| 현재 진행 시제 | ~하고 있는 중이다, ~하고 있다 |

I	am	riding (ride+ing) ~ making (make+ing) ~ catching (catch+ing) ~
He She It	is	sitting (sit+t+ing) ~ standing (stand+ing) ~ running (run+n+ing) ~
We You They	are	eating (eat+ing) ~ throwing (throw+ing) ~ listening (listen+ing) ~

B 잘 듣고 세 번씩 따라 읽어 보세요. 🎧 02_02

1  
Men are playing baseball.
남자들이 야구를 하고 있다.

2 
A woman is sitting on a bench.
한 여자가 벤치에 앉아 있다.

3 
I am throwing a ball.
나는 공을 던지고 있다.

4 
Jeff is catching a ball.
제프가 공을 받고 있다.

5 
A boy is flying a kite.
한 남자아이가 연을 날리고 있다.

6 
A girl is riding a bike.
한 여자아이가 자전거를 타고 있다.

7 
People are having fun in the park.
사람들이 공원에서 즐거운 시간을 보내고 있다.

8 
Many people are walking and running in the park.
많은 사람들이 공원에서 걷고 뛰고 있다.

9 
My family is eating sandwiches.
나의 가족은 샌드위치를 먹고 있다.

10 
I am making an airplane.
나는 비행기를 만들고 있다.

Words

men 남자들 (단수형은 man)	**throw a ball** 공을 던지다	**people** 사람들
woman 여자 (복수형은 women)	**catch a ball** 공을 잡다, 받다	**have fun** 즐거운 시간을 보내다
sit 앉다	**fly a kite** 연을 날리다	**park** 공원
bench 벤치	**ride a bike** 자전거를 타다	

C 그림을 보고 빈칸에 알맞은 것을 골라 써 보세요.

1

We are ________________ to music.
☐ listen ☐ listening

2

A boy ________________ throwing a ball.
☐ is ☐ are

3

I am ________________ a robot.
☐ make ☐ making

4

People are ________________ in the park.
☐ running ☐ run

D 괄호 안의 표현을 알맞은 형태로 바꿔 문장을 완성하세요.

1 A woman (be, sit) on a chair. 한 여자가 의자에 앉아 있다.

➡

2 They (be, cook) dinner. 그들은 저녁을 요리하고 있다.

➡

3 I (be, have) fun at school. 나는 학교에서 즐거운 시간을 보내고 있다.

➡

4 He (be, ride) a bike. 그는 자전거를 타고 있다.

➡

E 잘 듣고 따라 읽어 보세요.  02_03

People are having fun in the park.
A boy is flying a kite.
A girl is riding a bike.
A woman is sitting on a bench.
Men are playing baseball.
I am throwing a ball and Jeff is catching the ball.
My family is eating sandwiches.
Many people are walking and running in the park.

F 주어진 단어를 어순에 맞게 배열해 문장을 완성하세요.

1 남자들이 〈 하고 있다 〈 야구를

baseball   men   are playing   .

____

2 사람들이 〈 재미있는 시간을 보내고 있다 〈 공원에서

in the park   . people   are having fun

____

3 한 남자아이가 〈 날리고 있다 〈 연을

a kite   is flying   a boy   .

____

G 잘 듣고 빈칸에 알맞은 단어를 쓴 다음, 그림자를 따라 전체 문장을 써 보세요. 02_04

People   fun in the park.

Boys   soccer.

A girl   to music.

A man   .

Women   .

I   snacks.

My brother   a ball.

Many kids   their bikes.

listen to ~를 듣다   **talk** 말하다   **snack** 간식   **kid** 아이

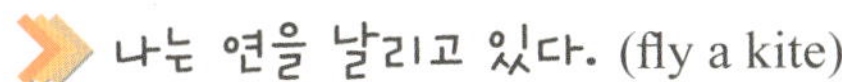

➤ 사람들이 공원에서 즐거운 시간을 보내고 있다.

➤ 나는 연을 날리고 있다. (fly a kite)

➤ 나의 누나는 책을 읽고 있다. (read books)

➤ 나의 개는 달리고 있다. (run)

➤ 나의 부모님은 걷고 있다. (parents / walk)

➤ 남자들이 농구를 하고 있다. (play basketball)

➤ 한 남자아이가 아이스크림을 먹고 있다. (eat ice cream)

➤ 많은 아이들이 자전거를 타고 있다. (ride their bikes)

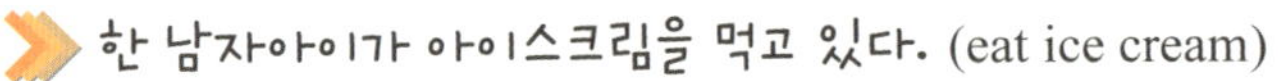

신발과 모자

신발, 구두

운동화

shoes

sneakers

하이힐

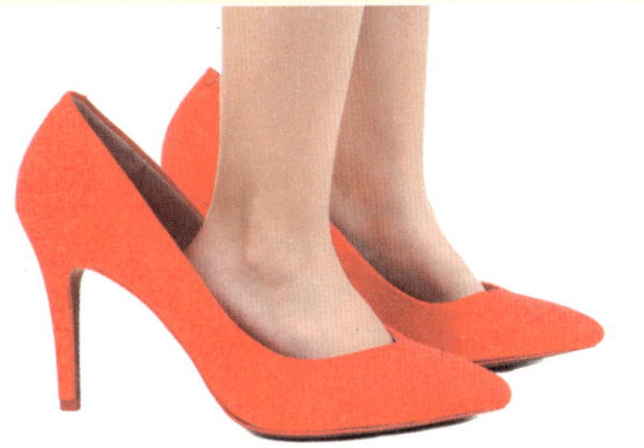

샌들

high heels

sandals

부츠, 장화

슬리퍼

boots

slippers

(챙이 둘러져 있는) 모자

(앞에 챙이 달린) 모자

hat

cap

UNIT 03

I **am not doing** my homework.

나는 숙제를 하고 있지 않다.

현재 진행 시제
부정문과 의문문

+ 현재 하고 있지 않은 일을 말할 때는 「주어+be동사 현재형+not+동사-ing」의 순서로 씁니다.
+ 지금 무엇을 하고 있는지를 물을 때는 be동사가 맨 앞에 옵니다.
  예 Are you studying math? 너는 수학을 공부하고 있는 중이니?
+ 대답은 「Yes, 주어+be동사 현재형」 또는 「No, 주어+be동사 현재형+not」으로 하면 됩니다.

A 잘 듣고 따라 읽어 보세요. 03_01

현재 진행 시제 부정문 ~하는 중이 아니다, ~하고 있지 않다

I	am not	doing ~
He / She / It	is not [isn't]	cleaning ~
We / You / They	are not [aren't]	drinking ~

현재 진행 시제 의문문 ~하고 있는 중이니?, ~하고 있니?

의문문	긍정 대답	부정 대답
Am I drawing ~?	Yes, you are.	No, you aren't.
Are you making ~?	Yes, I am. Yes, we are.	No, I'm not. No, we aren't.
Are they baking ~?	Yes, they are.	No, they aren't
Are we wiping ~?	Yes, you are.	No, you aren't.
Is he talking ~?	Yes, he is.	No, he isn't.
Is she writing ~?	Yes, she is.	No, she isn't.
Is it sleeping ~?	Yes, it is.	No, it isn't.

B 잘 듣고 세 번씩 따라 읽어 보세요. 🎧 03_02

1 
She is not watching a movie.
그녀는 영화를 보고 있지 않다.

2 
He isn't washing the dishes.
그는 설거지를 하고 있지 않다.

3 
Are you doing your homework?
너는 숙제를 하고 있니?

4 
I'm not doing my homework.
나는 숙제를 하고 있지 않다.

5 
Is Vicky cleaning her room?
비키는 자기 방을 청소하고 있니?

6 
She is not cleaning her room.
그녀는 자기 방을 청소하고 있지 않다.

7 
Is David helping you?
데이빗은 너를 도와주고 있니?

8 
He is not helping me.
그는 나를 도와주고 있지 않다.

9 
Are you singing a song, David?
너는 노래를 부르고 있니, 데이빗?

10 
David and his friends are not playing a computer game.
데이빗과 그의 친구들은 컴퓨터 게임을 하고 있지 않다.

Words

watch a movie 영화를 보다
wash the dishes 설거지를 하다
do one's homework 숙제를 하다

clean one's room ~의 방을 청소하다
help 도와주다
play a computer game 컴퓨터 게임을 하다

C 그림을 보고 주어진 단어를 빈칸에 알맞은 형태로 바꿔 써 보세요.

1

▶ be / read

I ______________ ____________ a book.

2

▶ be / wipe

____________ she ____________ the floor?

3

▶ be / talk

They __________ __________ __________ on the phone.

4

▶ be / eat

____________ you ____________ cookies?

D 다음 문장을 현재 진행형의 부정문과 의문문으로 만들어 보세요.

1 She is doing her homework. 그녀는 숙제를 하고 있다.

➡ 부정문

➡ 의문문

2 You are cleaning your room. 너는 네 방을 청소하고 있구나.

➡ 부정문

➡ 의문문

E 잘 듣고 따라 읽어 보세요.  03_03

A: Hello. Are you David?
B: No, I am not. I'm Sam.
A: Is Vicky cleaning her room?
B: No, she isn't. She is not cleaning her room.
   She is watching a movie.
A: Are you doing your homework, Sam?
B: No, I'm not. I'm not doing my homework.
   I am mopping the floor.
A: Thank you, Sam. Is David helping you?
B: No. He is not helping me. He isn't washing the dishes.
   David and his friends are playing a computer game.
A: I am coming home right now!

F 주어진 단어를 어순에 맞게 배열해 문장을 완성하세요.

1 그는 　 닦지 않는다 　 그릇들을

the dishes　he
isn't washing　.

____

2 ~있니?　데이비드는　도와주고　너를

is　you　David
helping　?

____

3 나는 　 대걸레질 하고 있다 　 바닥을

am mopping　I
the floor　.

____

G 잘 듣고 빈칸에 알맞은 단어를 쓴 다음, 그림자를 따라 전체 문장을 써 보세요.  03_04

A Hello. ____ you Linda?

B Yes, I am. I ____ Linda.

A ____ Nick ____ his homework?

B No, he ____. He ____ ____ ____ his homework. He is ____ to music.

A ____ you ____ the laundry, Linda?

B No, ____ ____. I'm ____ ____ the laundry. I'm ____ my room.

A That's nice. ____ Scott ____ lunch?

B No. He ____ ____ lunch. He ____ ____ the floor. Scott and his friends are ____ baseball.

A I am ____ home right now!

Fred는 아빠와 전화 통화 중

➤ 아빠: 여보세요. 지미(Jimmy)니?

➤ 프레드: 아뇨, 아닌데요. 전 프레드(Fred)예요.

➤ 아빠: 제니(Jenny)는 TV를 보고 있니? (watch TV)

➤ 프레드: 아뇨, 아닌데요. 그녀는 숙제하고 있어요. (do her homework)

➤ 아빠: 너는 컴퓨터 게임하고 있니? (play a computer game)

➤ 프레드: 아뇨. 저는 영어를 공부하고 있어요. (study English)

➤ 아빠: 기특하구나. 너희 엄마는 저녁식사를 요리하고 있니? (cook dinner)

>> 프레드: 아뇨, 그렇지 않아요. 그녀는 전화 통화 중이에요. (talk on the phone)

____

>> 아빠: 알겠다. 내가 지금 당장 집에 갈게. (come home)

____

Fred가 아빠와 전화 통화하는 모습을 그려 보세요!

자연

산

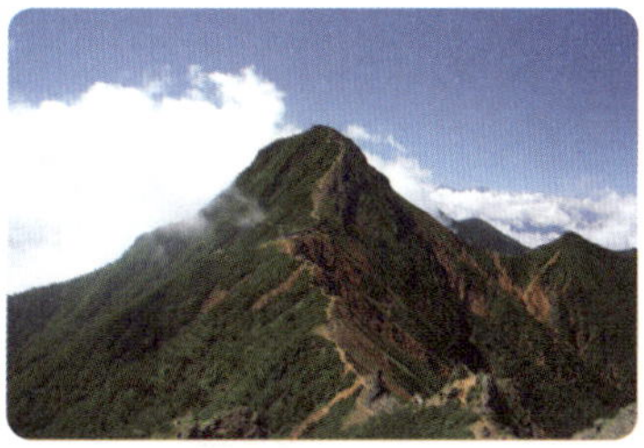

mountain

들

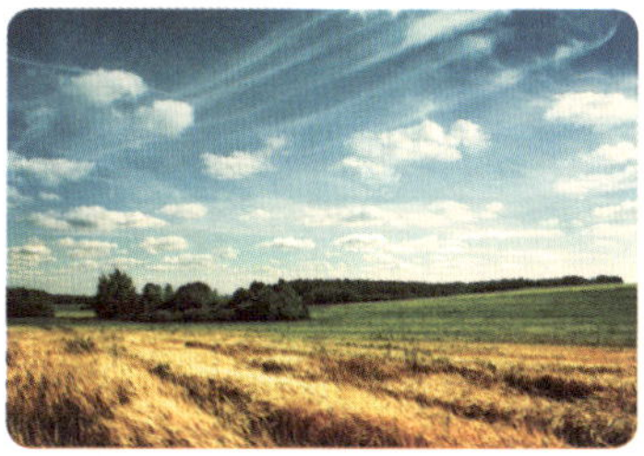

field

강

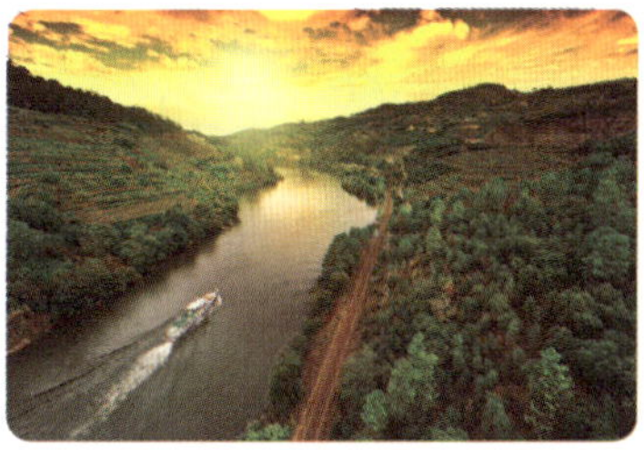

river

바다

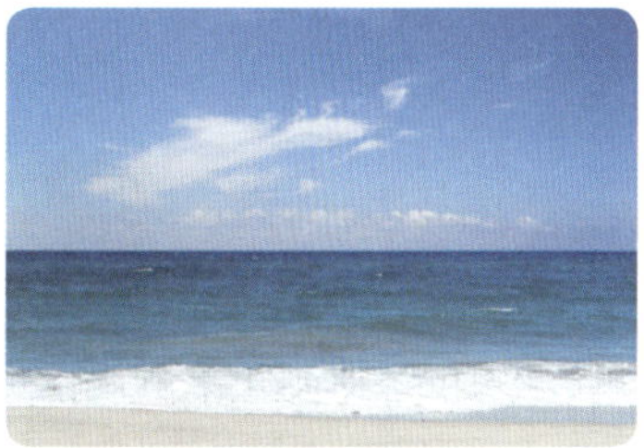

sea

하늘

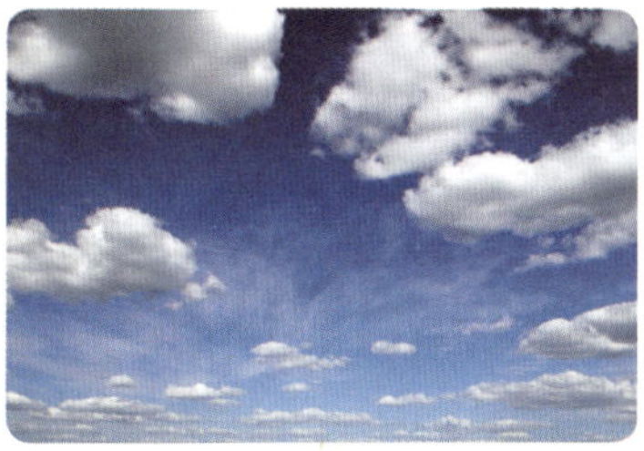

sky

해

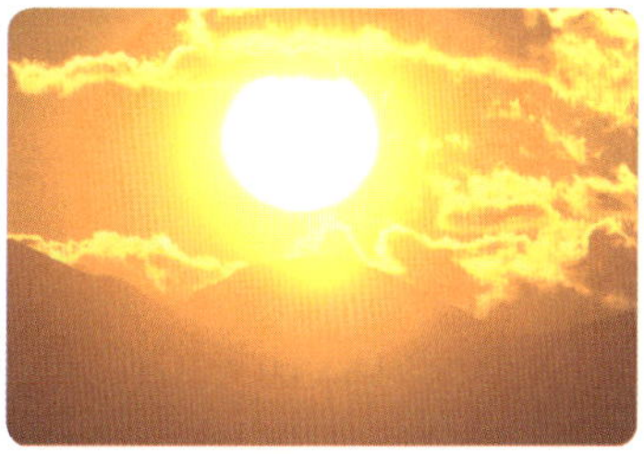

sun

달

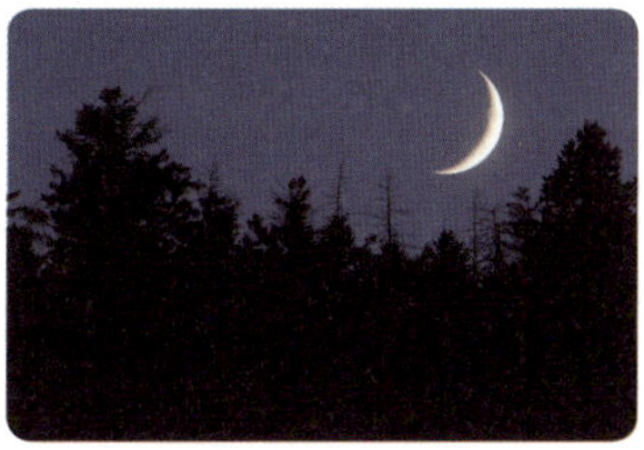

moon

별

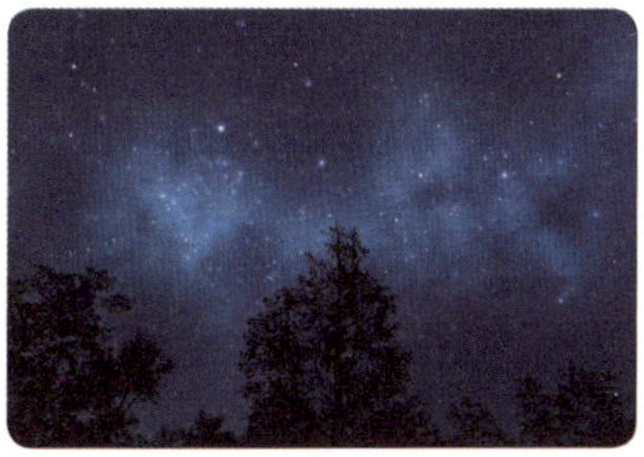

star

REVIEW TEST

Ⓐ Summer Camp 🎧 03_05

탐의 여름 캠프 이야기를 잘 들어 보세요.

다시 듣고 이야기와 일치하는 문장에 동그라미 하세요.

1. ☐ I am having fun at the summer camp.
   ☐ I have fun at the summer camp.

2. ☐ I wake up at eight in the morning.
   ☐ I don't wake up at eight in the morning.

3. ☐ We are getting dressed.
   ☐ We get dressed.

4. ☐ Do you eat breakfast?
   ☐ Are you eating breakfast?

5. ☐ I am not playing soccer.
   ☐ I am playing soccer.

6. ☐ He is playing soccer.
   ☐ He isn't playing soccer.

잭이 여름 캠프에서 하는 것을 모두 쓰세요.

B Bingo

빈칸에 알맞은 표현과 밑줄 친 부분의 우리말 표현을 빙고 판에서 찾아 동그라미 하세요.
모두 몇 줄이 연결되나요?

B	I	N	G	O
wash my hair	일어나다	at eight	7시 30분에
in the morning	잠자리에 들다	설거지를 하고 있다	gets dressed
도와주고 있다	making an airplane	eating a snack	영화를 보고 있다
running	저녁식사	빗자루로 쓸고 있다	throwing the ball

1 She is ______________________.
비행기를 만들고 있다

2 Our family eat <u>dinner</u> at six.

3 I am <u>watching a movie</u> tonight.

4 I ______________ in the morning.
나의 머리를 감는다

5 Steve <u>is helping</u> me.

6 Jeff is ______________________.
공을 던지고 있다.

7 We <u>go to bed</u> at ten.

8 They study math at <u>seven thirty</u>.

9 My sister ______________.
옷을 입다

10 Children are ______________.
간식을 먹고 있다

C Correct
다음 문장에서 틀린 부분을 찾아 동그라미 한 다음, 문장을 바르게 고쳐 쓰세요.

1 We are walk in the park. 우리는 공원을 산책하고 있다.

➡

2 Does they cleaning their room? 그들은 방을 청소하고 있니?

➡

3 Is she watch TV? 그녀는 텔레비젼을 보고 있니?

➡

4 My father doesn't getting up at seven. 우리 아버지는 7시에 일어나지 않는다.

➡

D Question & Answer
그림을 보고 질문과 대답을 완성해 보세요.

1, 2 
clean

3 
get up

4 
wash

1 Q Are they __________ the windows?
A No, they're __________.

2 Q Are they __________ the floor?
A Yes, they __________.

3 Q Dose she __________________ at eight forty?
A Yes, __________ __________.

4 Q __________ he taking a shower?
A No. He __________ __________ his face.

E Changing Sentences

보기 처럼 주어진 문장을 괄호 안에 제시된 목적에 맞게 바꿔 써 보세요.

> 보기
> I go to bed at eleven. → (not) I don't go to bed at eleven.
> You take a shower. → (?) Do you take a shower?
> She is catching a ball. → (not) She isn't catching a ball.
> They are cleaning the house. → (?) Are they cleaning the house?

1 He studies math. → (not) ______________________

2 We go to bed at ten. → (not) ______________________

3 Jenny is throwing a ball. → (not) ______________________

4 They come home at two. → (?) ______________________

5 She is cooking ramen. → (?) ______________________

6 I am sitting on a bench. → (not) ______________________

7 She gets up early in the morning. → (?) ______________________

F Making Sentences

우리말을 보고 보기 에서 필요한 단어를 골라 영어로 문장을 써 보세요.

> 보기   doing his homework   coming home   running

1 그녀는 집에 오고 있니? → ______________________

2 사람들이 공원에서 뛰고 있지 않다. → ______________________

3 그는 그의 숙제를 하고 있니? → ______________________

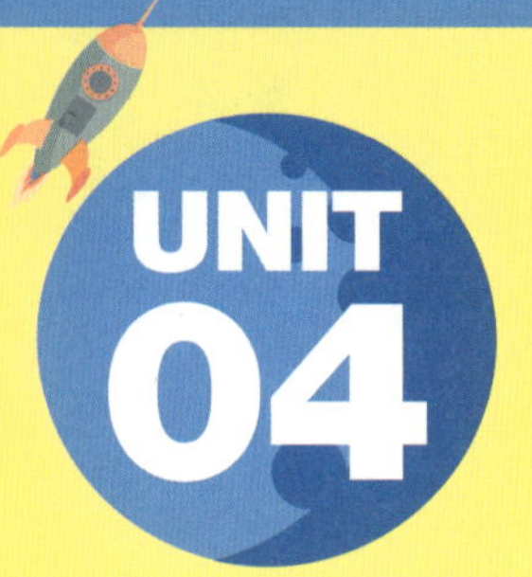

It is spring.

봄이다.

비인칭 주어 It
+ 계절, 날씨, 시간, 요일, 날짜, 거리, 무게 등을 나타낼 때는 It을 주어로 써요.
+ 이때 It은 특별한 의미가 없어서 해석하지 않아요.

A 잘 듣고 따라 읽어 보세요. 04_01

비인칭 주어 It

계절	날씨	시간

It is winter.
겨울이다.

It is sunny.
화창하다.

It is three ten.
3시 10분이다.

날짜, 요일

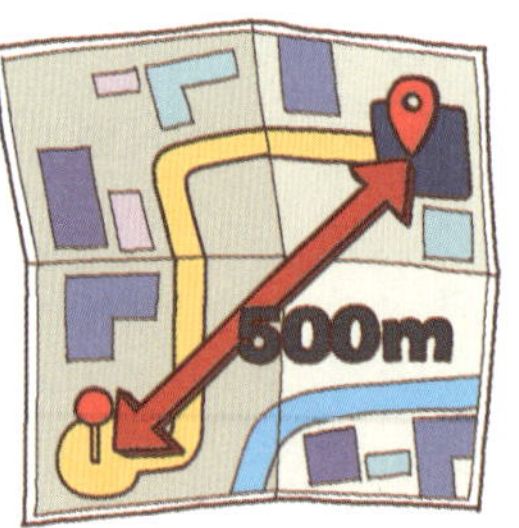

It is July 30.
7월 30일이다.

It is Monday.
월요일이다.

거리

It is 500 meters.
500미터이다.

무게

It is 50 grams.
50그램이다.

B 잘 듣고 세 번씩 따라 읽어 보세요. 🎧 04_02

1 
It's Sunday.
일요일이다.

2 
It is spring.
봄이다.

3 
It's warm.
따뜻하다.

4 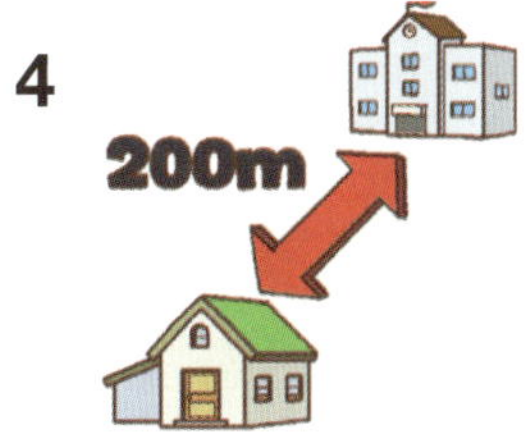
It is 200 meters from our house.
우리 집에서 200미터 떨어져 있다.

5 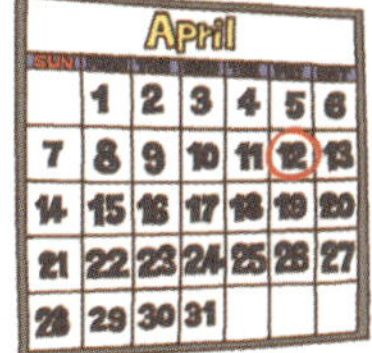
It's April 12.
4월 12일이다.

6 
It's a nice day.
좋은 날이다.

7 
It is eight thirty.
8시 30분이다.

8 
It is 20 kilograms.
20킬로그램이다.

9 
It's fall.
가을이다.

10 
It is Wednesday.
수요일이다.

Words

Sunday 일요일	house 집	kilogram 킬로그램 (무게 단위)
spring 봄	April 4월	fall 가을
warm 따뜻한, 따스한	nice 좋은	Wednesday 수요일
meter 미터 (길이 단위)	day 날, 하루	

C 그림을 보고 빈칸에 알맞은 것을 보기에서 골라 써 보세요.

1   ___________ is ___________________________.

2   ___________ is ___________________________.

3   ___________ is ___________________________.

4   ___________ is ___________________________.

forty-five centimeters   twelve forty-five   May 17   sunny   it

D 우리말 뜻과 같도록 영어로 문장을 써 보세요.

1   일요일이다. (Sunday)

→

2   8월 29일이다. (August)

→

3   춥다. (cold)

→

E 잘 듣고 따라 읽어 보세요. 🎧 04_03

It's April 12. It is spring.
I wake up in the morning.
It is eight thirty.
I open the window. It's warm.
It's Sunday. So I don't go to school.
I wash my face.
I eat breakfast.
My family goes to church.
It is 200 meters from our house.
It's a nice day.

{ **wake up** 일어나다 **open** ~을 열다 **window** 창문 **go to church** 교회에 가다 }

F 주어진 단어를 어순에 맞게 배열해 문장을 완성하세요.

1 (비인칭 주어) ‹ ~이다 ‹ 8시 30분

eight thirty   is   it   .

____

2 (비인칭 주어) ‹ ~이다 ‹ 따뜻한

is   warm   .   it

____

3 (비인칭 주어) ‹ ~이다 ‹ 일요일

is   Sunday   .   it

____

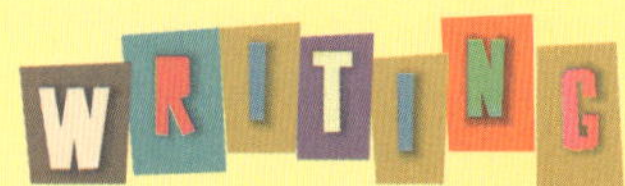

 잘 듣고 빈칸에 알맞은 단어를 쓴 다음, 그림자를 따라 전체 문장을 써 보세요.  04_04

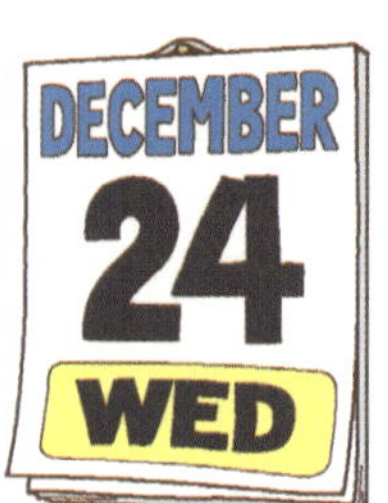

______ December 24. ______ is winter.

I ______ ______ in the morning.

It is ______ o'clock. I open the window.

______ snowing. It's ______ ______ ______.

I take a shower. I wear a coat.

I go to my friend's ______.

______ ______ ______ meters from our house.

______ a nice day.

December 12월   숫자 + o'clock ~시   Wednesday 수요일   coat 코트, 외투
winter 겨울   snowing 눈이 오고 있는   wear 입다

H 우리말을 참고하여 어느 멋진 날을 영어로 써 보세요.

나의 어느 멋진 날

›› 10월 19일이다. (October)

____

›› 가을이다. (fall)

____

›› 나는 아침에 일어난다.

____

›› 2시 30분이다. (two thirty)

____

›› 나는 창문을 연다. (the window)

____

›› 바람이 분다. (windy)

____

›› 나는 공원에 간다. (the park)

____

>> 우리 집에서 100미터 떨어져 있다. (100 meters)

____

>> 좋은 날이다.

____

나의 외국인 친구를 그려보세요!

계절 및 날씨

봄

spring

여름

summer

가을

fall (=autumn)

겨울

winter

비가 내리다

rain

눈이 오다

snow

화창한

sunny

구름 낀, 흐린

cloudy

UNIT 05
There are cups in the sink.

싱크대 안에 컵들이 있다.

There is ~
There are ~

✚ '~이/가 있다'고 말할 때 'There is ~'나 'There are ~'를 씁니다. 이때 is 뒤에는 단수명사나 셀 수 없는 명사를 써야 하고, are 뒤에는 복수명사를 써야 해요.

✚ 'There is[are] no ~'나 'There isn't[aren't] any ~'는 '~이/가 없다'는 뜻이에요.

✚ 의문문을 만들고 싶다면 Is나 Are를 문장 맨 앞으로 보내요.

A 잘 듣고 따라 읽어 보세요. 05_01

There is + 단수명사/셀 수 없는 명사

There is ~이 있다	an apron 앞치마가 milk 우유가	on the table. 식탁 위에
There is no = There isn't any ~이 없다	water 물이	in the refrigerator. 냉장고에
Is there any ~이 있니?	sugar 설탕이	in the jar? 병 안에

There are + 복수명사

There are ~들이 있다	knives 칼들이	on the table. 식탁 위에
There are no = There aren't any ~들이 없다	napkins 냅킨들이	in the drawer. 서랍 안에
Are there any ~들이 있니?	cups 컵들이	in the cupboard? 찬장에

B 잘 듣고 세 번씩 따라 읽어 보세요. 🎧 05_02

1 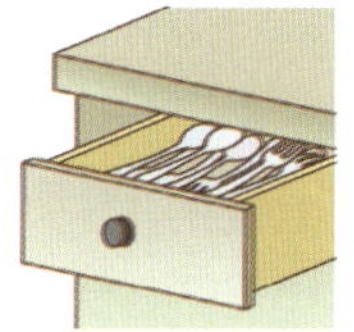
There are forks and spoons in the drawer.
서랍 안에 포크와 숟가락이 들어 있다.

2 
There is cereal on the table.
식탁 위에 시리얼이 있다.

3 
There are no cups in the sink.
싱크대 안에 컵이 없다.

4 
There is some milk in the refrigerator.
우유가 냉장고 안에 있다.

5 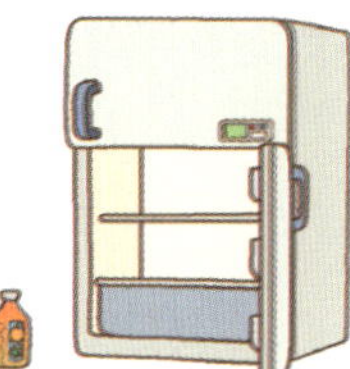
There is no juice in the refrigerator.
냉장고 안에 주스가 없다.

6 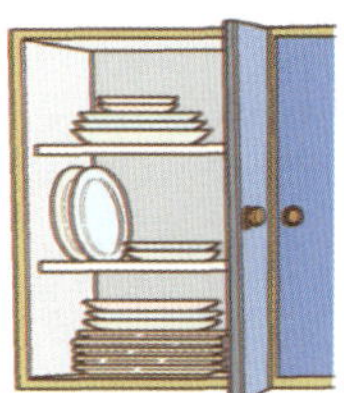
There are plates in the cupboard.
찬장 안에 접시들이 있다.

7 
There aren't any chopsticks in the drawer.
서랍 안에 젓가락이 없다.

8 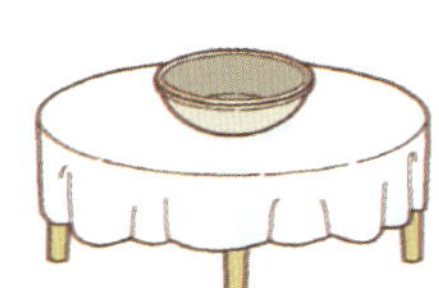
There is a bowl on the table.
식탁 위에 그릇이 있다.

9 
Are there any spoons in the drawer?
서랍 안에 숟가락이 있니?

10
Is there any salt on the table?
식탁 위에 소금이 있니?

Words

fork 포크	**cup** 컵	**cupboard** 찬장
drawer 서랍	**sink** 싱크대, 개수대	**chopsticks** 젓가락 (2개가 한 쌍이므로 항상 복수형)
cereal 시리얼	**refrigerator** 냉장고	**bowl** (밥공기나 국그릇 같이 우묵한) 그릇
table 식탁, 테이블, 상	**plate** (둥근) 접시	**salt** 소금

C 그림을 보고 There is 또는 There are로 시작하는 문장을 완성하세요.

1 _________________ no knives in the drawer.

2 _________________ any salt on the table?

3 _________________ a fork in the sink.

4 _________________ cups in the cupboard.

D 다음 문장을 부정문과 의문문으로 만들어 보세요.

1　There are bowls on the table. 식탁 위에 그릇들이 있다.

➡ 부정문

➡ 의문문

2　There is butter in the cupboard. 찬장 안에 버터가 있다.

➡ 부정문

➡ 의문문

E 잘 듣고 따라 읽어 보세요. 🎧 05_03

This is our kitchen.
There are cups and plates in the cupboard.
There aren't any chopsticks in the drawer.
There are forks and spoons in the drawer.
There is some milk in the refrigerator.
There is no juice in the refrigerator.
There is cereal on the table.
There is a bowl on the table.
Pour some milk and cereal in the bowl.
It's time for breakfast!

F 주어진 단어를 어순에 맞게 배열해 문장을 완성하세요.

1 ～이 있다 〉 컵들이 〉 찬장에

there are .
cups
in the cupboard

____

2 ～이 있다 〉 그릇이 〉 식탁 위에

a bowl   there is
.   on the table

____

3 ～들이 없다 〉 어떤 〉 젓가락도 〉 서랍에

there aren't .
chopsticks   any
in the drawer

____

This is our kitchen.

_________ a plate in the _________.

_________ bowls in the _________.

_________ knives in the drawer.

chopsticks in the _________.

ham in the refrigerator.

cheese in the _________.

buns on the table.

ketchup on the _________.

Put some ham and ketchup on the bun.

It's time for lunch!

knives 칼들 (단수형은 knife)　　bun(s) 빵(들)　　put 놓다
ham 햄　　　　　　　　　　　ketchup 케첩

우리집 부엌

▶▶ 이것은 우리 부엌이다.

▶▶ 서랍 안에 숟가락들이 있다. (spoons)

▶▶ 싱크대에 냄비가 한 개 있다. (pot)

▶▶ 싱크대 안에 주발은 한 개도 없다. (any bowls)

▶▶ 냉장고 안에 피자가 있다. (pizza)

▶▶ 냉장고 안에 김치는 하나도 없다. (any kimchi)

▶▶ 식탁 위에 피클이 좀 있다. (some pickles)

식탁 위에 접시들이 있다. (dishes)

식탁 위에 포크들이 있다. (forks)

약간의 피자와 약간의 피클을 가져와라. (take)

점심식사할 시간이다!

부엌의 모습을 그려보세요!

식기

숟가락

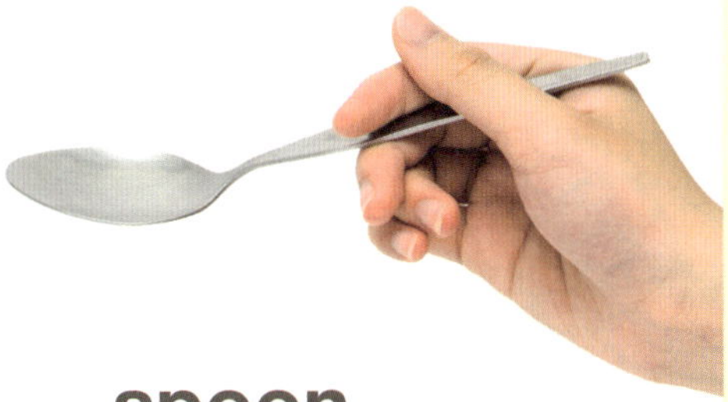

spoon

젓가락

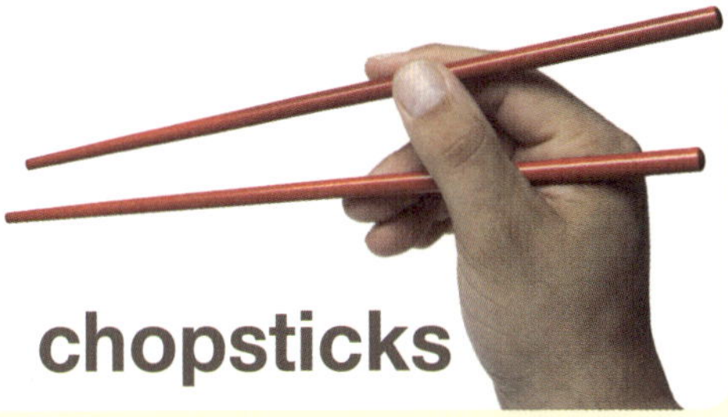

chopsticks

포크

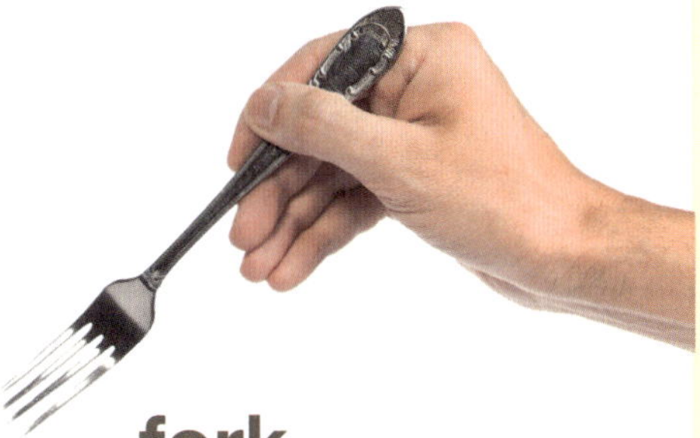

fork

칼

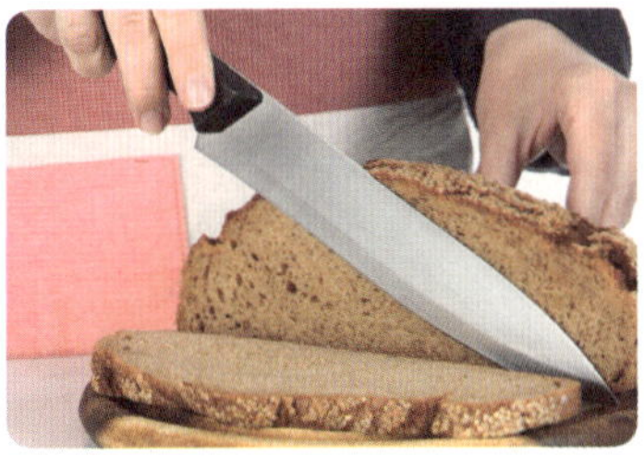

knife

접시

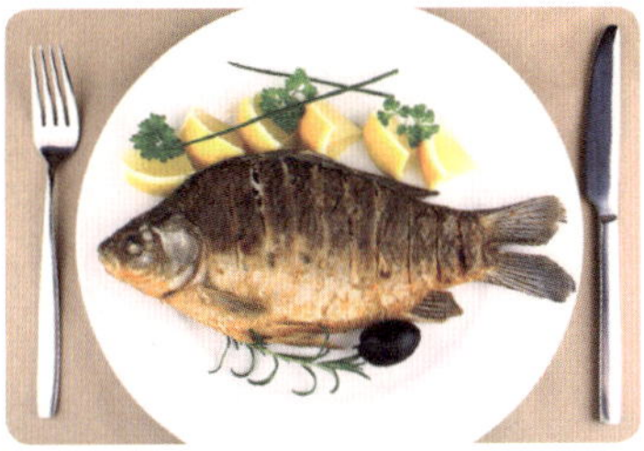

plate

주발

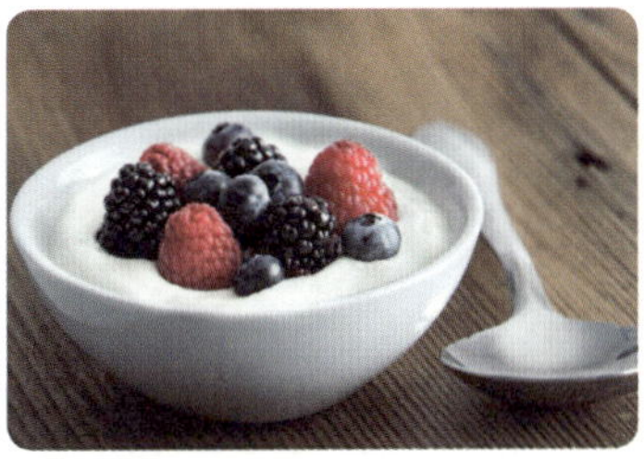

bowl

냄비

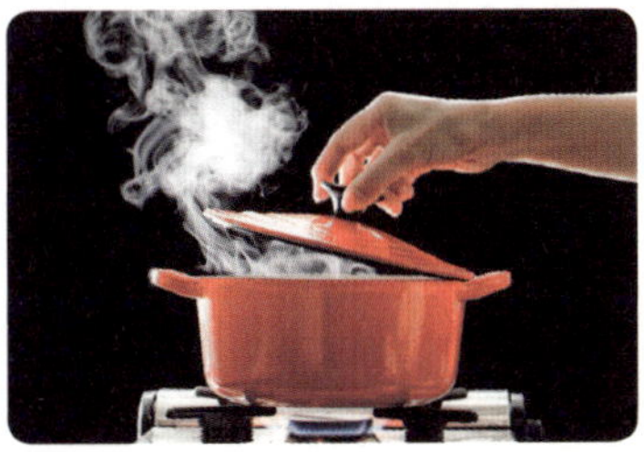

pot

냄비, 프라이팬

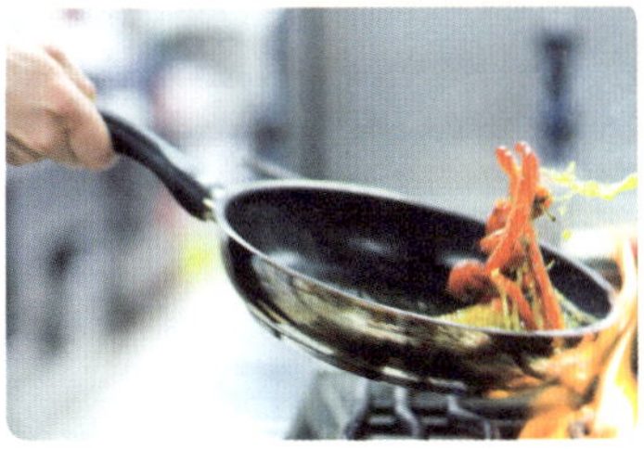

pan

UNIT 06

I was eleven years old.

나는 11살이었다.

be동사의 과거 시제

+ be동사의 과거형은 was와 were예요. 과거의 상황이나 상태 등을 나타낼 때 쓰여요.

예 I **was** in the office. 나는 사무실에 있었다.
They **were** very smart. 그들은 아주 똑똑했다.

+ 과거의 상황이나 상태가 그렇지 않았다고 부정하고 싶을 때는 not을 써서 was not[wasn't], were not[weren't]으로 쓰면 됩니다.

A 잘 듣고 따라 읽어 보세요.  06_01

be동사의 과거 시제

I 나는 She 그녀는 He 그는 It 그것은	was ~이었다 ~이 있었다 was not [wasn't] ~이 아니었다 ~(있)지 않았다	at school. 학교에 kind. 친절한 a dancer. 무용수 in the dog house. 개 집에
You 너는 We 우리는 They 그들은	were ~이었다 ~이 있었다 were not [weren't] ~이 아니었다 ~(있)지 않았다	at the office. 사무실에 smart. 똑똑한 actors. 배우들

B 잘 듣고 세 번씩 따라 읽어 보세요. 06_02

1 

He wasn't an actor.
그는 배우가 아니었다.

2 

I wasn't tall.
나는 키가 크지 않았다.

3 

I was eleven years old.
나는 11살이었다.

4 
They were smart.
그들은 똑똑했다.

5 
You were my good friends.
너희들은 좋은 친구들이었다.

6 

I was in the fourth grade.
나는 초등학교 4학년이었다.

7 

I wasn't a good student.
나는 좋은 학생이 아니었다.

8 
My friends were tall and pretty.
나의 친구들은 키가 크고 예뻤다.

9 

She was at the playground.
그녀는 놀이터에 있었다.

10 
We weren't at the school.
우리는 학교에 있지 않았다.

Words

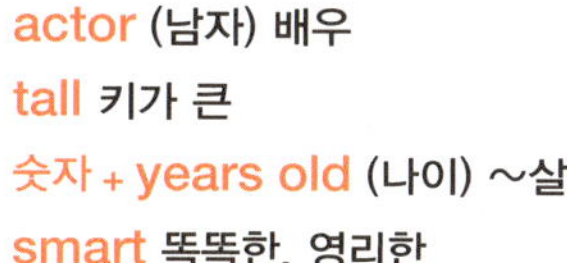

actor (남자) 배우
tall 키가 큰
숫자 + years old (나이) ~살
smart 똑똑한, 영리한

the fourth grade 4학년
good 좋은
pretty 예쁜
playground 놀이터, 운동장

Grammar Plus

6번의 in(~안에), 10번의 at(~에) 같은 단어를 전치사라고 부르는데, 명사 앞(前)에 붙기 때문이에요. 전치사는 장소나 시간 명사와 함께 문장을 추가적으로 설명해 줄 수 있답니다.
in the library 도서관 안에 at 8 o'clock 8시에
at school 학교에

C 그림을 보고 빈칸에 알맞은 것을 골라 써 보세요.

1

He _______________ very kind.

☐ were   ☐ was

2

You _______________ at the office.

☐ are   ☐ were

3

It _______________ tall.

☐ wasn't   ☐ weren't

4

I _______________ twelve years old.

☐ was   ☐ was not

D 다음 문장을 과거 시제와 과거 시제 부정문으로 만들어 보세요.

1   We are good friends. 우리는 좋은 친구이다.

➡ 과거 시제

➡ 과거 부정

2   It is in the dog house. 그것은 개 집에 있다.

➡ 과거 시제

➡ 과거 부정

E 잘 듣고 따라 읽어 보세요. 🎧 06_03

Let's think about last year.
I was eleven years old.
I was in the fourth grade.
I wasn't tall.
I wasn't a good student.
But my friends were tall and pretty.
They were smart, too.
We were good friends.
Now I am twelve years old.
I am tall. I am a good student.

{ Let's think about ~을 생각해보자 last year 작년 }

F 주어진 단어를 어순에 맞게 배열해 문장을 완성하세요.

1

| 나는 | ~이 아니었다 | 착한 학생이 |

a good student
I   wasn't   .

____

2

| 나의 친구들은 | ~이었다 | 키가 크고 예쁜 |

tall and pretty   .
were   my friends

____

3

| 나는 | ~이었다 | 4학년 |

was   .   I
in the fourth grade

____

G 잘 듣고 빈칸에 알맞은 단어를 쓴 다음, 그림자를 따라 전체 문장을 써 보세요.  06_04

Let's think about last year.

I ________ ________ years old.

I ________ in the ________ grade.

I ________ handsome.

I ________ a ________ student.

But my friends ________ handsome and smart students. They ________ tall, too.

We ________ good friends.

Now I am ten years old.

I am ________.

I am a smart ________.

숫자 + years old ~살	smart 똑똑한, 영리한
second grade 2학년	but 하지만
handsome 잘생긴	now 지금

지난해의 나는 …

➤ 작년을 생각해보자.

➤ 나는 8살이었다. (eight)

➤ 나는 1학년이었다. (first grade)

➤ 나는 키가 크지 않았다. (tall)

➤ 나는 똑똑한 학생이 아니었다. (smart)

➤ 하지만 나의 친구들은 키가 크고 똑똑한 학생들이었다.

➤ 그들은 또한 예뻤다. (pretty)

>> 우리는 좋은 친구들이었다. (good)

____

>> 지금 나는 9살이다. (nine)

____

>> 나는 키가 크다.

____

>> 나는 똑똑한 학생이다.

____

지난 해 나의 모습을 그려보세요!

첫 번째(의)	두 번째(의)
first	**second**
세 번째(의)	네 번째(의)
third	**fourth**
다섯 번째(의)	여섯 번째(의)
fifth	**sixth**
일곱 번째(의)	여덟 번째(의)
seventh	**eighth**
아홉 번째(의)	열 번째(의)
ninth	**tenth**

REVIEW TEST

A About Myself 🎧 06_05

지연이의 자기소개를 잘 들어보세요.

다시 듣고 이야기와 일치하는 문장에 동그라미 하세요.

1 ☐ It's July 1.

   ☐ It's January 1.

2 ☐ I was nine last year.

   ☐ I wasn't nine years old.

3 ☐ I was tall.

   ☐ I wasn't tall.

4 ☐ There are windows in my room.

   ☐ There is a window in my room.

5 ☐ It's snowing!

   ☐ It was snow!

6 ☐ There are kids outside.

   ☐ There aren't any kids outside.

지난해 지연이의 모습이 어땠는지 쓰세요.

____

B Unscramble the words

밑줄 친 단어의 철자들을 바르게 배열해서 아래의 단어 판에 써 보세요.

1 There are <u>khsspiotcc</u>. 젓가락들이 있다.

2 It is <u>urfo</u> o'clcok. 4시이다.

3 There are <u>pusc</u> in the sink. 싱크대 안에 컵들이 있다.

4 There is no napkin on the <u>eabtl</u>. 테이블 위에 냅킨이 없다.

5 He was an <u>oarct</u>. 그는 배우였다.

6 I was in the third <u>dgear</u>. 나는 초등학교 3학년이었다.

7 It's 200 <u>mgars</u>. 200그램이다.

8 Today is <u>ddnyWaese</u>. 오늘은 수요일이다.

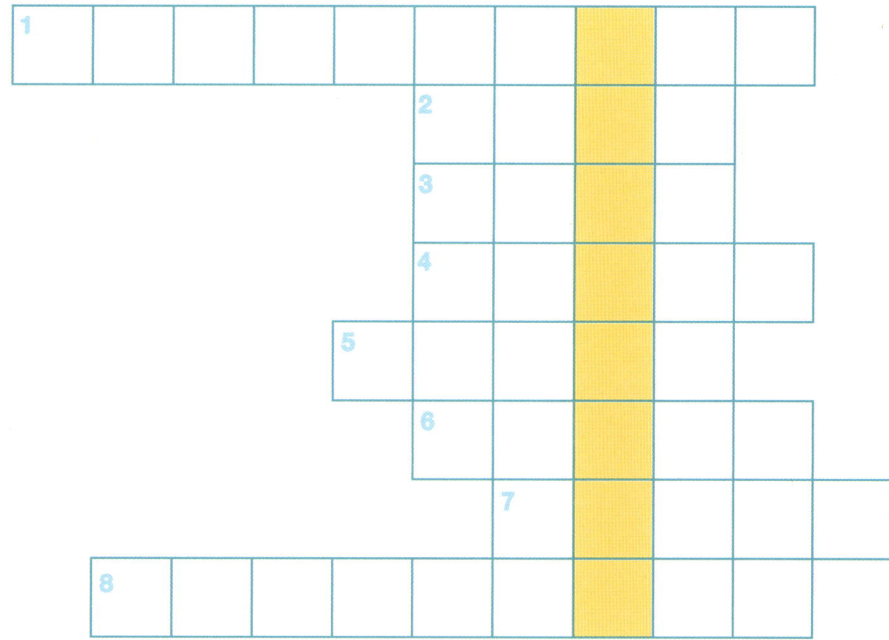

위의 노랑색 줄 안에 있는 단어는 무엇일까요? 단어와 뜻을 써 보세요.

C Match

알맞은 표현을 찾아 연결하세요.

1 Is there • • was a dancer.

2 She • • salt on the table.

3 There is • • water in the refrigerator?

4 There aren't any • • bowls in the cupboard.

D Picture Description

그림을 보고 문장을 완성해 보세요.

1 

과거

It was eleven thirty.

She ______________ at school.

She ______________ at the park.

2 

현재

There ______________ forks and knives.

There ______________ any napkins in the drawer.

There ______________ a cup in the sink.

E Changing Sentences

보기 처럼 주어진 문장을 괄호 안에 제시된 목적에 맞게 바꿔 써 보세요.

> 보기
>
> There are forks. → (not) There are no forks in the drawer. /
> There aren't any forks in the drawer.
>
> There are cups. → (?) Are there any cups on the table?
>
> He is at school. → (과거) He was at school.
>
> They are my friends. → (과거/not) They weren't my friends.

1 There are bowls. → (not) ______________________________

2 There is water. → (?) ______________________________

3 I am twelve years old. → (과거) ______________________________

4 We are in the third grade. → (과거/not) ______________________________

5 There is butter on the table. → (not) ______________________________

6 There are chopsticks. → (?) ______________________________

7 You are pretty. → (과거/not) ______________________________

F Making Sentences

우리말을 보고 보기 에서 필요한 단어를 골라 영어로 문장을 써 보세요.

> 보기
>
> kilograms　　　　a plate　　　　years old

1 그들은 10살이 아니었다. → ______________________________

2 서랍 안에 접시가 있다. → ______________________________

3 42킬로그램이다. → ______________________________

UNIT 07

We played a board game.

우리는 보드게임을 했다.

일반동사의 과거 시제 (규칙 변화형)

+ 일반동사의 과거형은 규칙적으로 변하는 경우(규칙동사)와 불규칙적으로 변하는 경우(불규칙동사)가 있어요.
+ 규칙동사의 과거형은 일반동사의 원래 형태에 -(e)d를 붙이면 된답니다. 과거에 일어난 사실이나 일, 상황을 나타내죠.
+ 과거의 일이나 상황이 그렇지 않았다고 부정하고 싶을 때는 일반동사 앞에 did not[didn't]만 살짝 넣어주세요.

A 잘 듣고 따라 읽어 보세요. 07_01

동사원형	규칙 변화	과거형
want 원하다 **call** 전화하다 **look** 보다 **play** 놀다, 경기하다	동사원형+ed	**want**ed 원했다 **call**ed 전화했다 **look**ed 봤다 **play**ed 놀았다, 경기했다
like 좋아하다 **love** 사랑하다 **live** 살다 **hope** 희망하다, 바라다	e로 끝나는 동사+d	**like**d 좋아했다 **love**d 사랑했다 **live**d 살았다 **hope**d 희망했다, 바랐다
cry 울다 **try** 시도하다	자음+y: y를 i로 바꾸고+ed	**cr**ied 울었다 **tr**ied 시도했다
stop 멈추다 **drop** 떨어뜨리다 **plan** 계획하다	단모음+자음: 자음 한 개 더+ed	**stop**ped 멈췄다 **drop**ped 떨어뜨렸다 **plan**ned 계획했다

 **B** 잘 듣고 세 번씩 따라 읽어 보세요. 🎧 07_02

1 

I visited her house.
나는 그녀의 집에 놀러 갔다.

2 

We stopped at the ice cream shop.
우리는 아이스크림 가게에 들렀다.

3 

Cathy liked ice cream.
캐시는 아이스크림을 좋아했다.

4 

We didn't go home.
우리는 집에 가지 않았다.

5 

We played a board game.
우리는 보드게임을 했다.

6 

I called my friend Cathy.
나는 내 친구 캐시에게 전화를 걸었다.

7 

We didn't watch TV.
우리는 TV를 보지 않았다.

8 

I loved the weather.
나는 그 날씨를 무척 좋아했다.

9 

We walked to the park.
우리는 공원으로 걸어갔다.

10 

I wanted to eat ice cream.
나는 아이스크림을 먹고 싶었다.

Words

visit 방문하다
stop at ~에 들르다
ice cream 아이스크림
home 집

board game 보드게임
call 전화하다
love 사랑하다, 무척 좋아하다
weather 날씨

park 공원
want to + 동사원형 ~하고 싶다
(과거형은 wanted to + 동사원형)

C 그림을 보고 빈칸에 알맞은 것을 골라 써 보세요.

1 I _______________ my father.

☐ was call ☐ called

2 He _______________ a board game.

☐ didn't played ☐ didn't play

3 They _______________ their grandmother.

☐ visited ☐ was visited

4 It _______________ at the store.

☐ stoped ☐ stopped

D 다음 문장을 과거 시제와 과거 시제의 부정문으로 만들어 보세요.

1 I love my family. 나는 나의 가족을 사랑한다.

➡ 과거 시제

➡ 과거 부정

2 She looks at the picture. 그녀는 그 그림을 바라본다.

➡ 과거 시제

➡ 과거 부정

E 잘 듣고 따라 읽어 보세요.  07_03

It was Sunday yesterday.
I called my friend Cathy.
I visited her house.
We didn't watch TV.
We played a board game.
I wanted to eat ice cream.
We stopped at the ice cream shop.
Cathy liked the ice cream. I liked it, too.
We didn't go home.
We walked to the park.
I loved the weather. It was very nice.

{ yesterday 어제 }

F 주어진 단어를 어순에 맞게 배열해 문장을 완성하세요.

1

우리는	들렀다	그 가게에

stopped	we
at the shop	.

____

2

우리는	가지 않았다	집에

didn't go	.
home	we

____

3

나는	원했다	먹기	아이스크림을

to eat	wanted
ice cream	I .

____

G 잘 듣고 빈칸에 알맞은 단어를 쓴 다음, 그림자를 따라 전체 문장을 써 보세요.  07_04

It was Wednesday yesterday.

I ________ my friend Joe.

I ________ his house.

We ________ a computer game.

We ________ math.

I ________ to eat a hamburger.

We ________ at the restaurant.

Joe ________ the hamburger. I ________ it, too.

We ________ home.

We ________ to the playground.

We ________ basketball.

It was a lot of fun.

restaurant 식당
playground 놀이터, 운동장
basketball 농구
a lot of 많이, 아주
fun 재미있는

어제 한 일들

>> 어제는 월요일이었다. (Monday)

____

>> 나는 나의 친구 린다(Linda)에게 전화를 했다.

____

>> 우리는 스파게티를 먹고 싶었다. (spaghetti)

____

>> 우리는 식당에 들렀다.

____

>> 우리는 집에 가지 않았다. (go)

____

>> 우리는 공원으로 걸어갔다. (park)

____

>> 우리는 야구를 했다. (baseball)

____

>> 그것은 아주 재미있었다.

____

어제 한 일들을 그려보세요!

장소

은행

bank

우체국
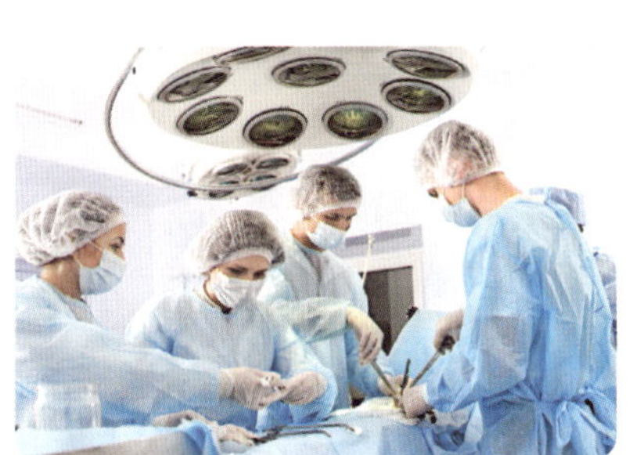
post office

병원
hospital

약국

pharmacy

경찰서

police station

백화점

department store

박물관

museum

도서관

library

He ate delicious food.

그는 맛있는 음식을 먹었다.

일반동사의 과거 시제 (불규칙 변화형)

➕ 과거형이 특별한 규칙 없이 제각각 불규칙하게 변하는 동사도 있어요. 역시 과거에 일어난 사실이나 일, 상황을 나타내죠.

➕ 과거의 일이나 상황을 물어볼 땐 「Did + 주어 + 일반동사의 원형 ~?」의 어순으로 의문문을 만들면 됩니다.

예 **Did he eat** delicious food? 그는 맛있는 음식을 먹었니?

A 잘 듣고 따라 읽어 보세요. 08_01

동사원형	불규칙 변화	과거형
see 보다 **go** 가다 **eat** 먹다 **sleep** 자다	동사원형과 과거형이 전혀 다른 동사	**saw** 봤다 **went** 갔다 **ate** 먹었다 **slept** 잤다
give 주다 **drink** 마시다 **come** 오다 **run** 달리다		**gave** 주었다 **drank** 마셨다 **came** 왔다 **ran** 달렸다
teach 가르치다 **buy** 사다		**taught** 가르쳤다 **bought** 샀다
put 놓다 **hit** 때리다, 치다 **cut** 자르다	동사원형과 과거형이 같은 동사	**put** 놓았다 **hit** 때렸다, 쳤다 **cut** 잘랐다

B 잘 듣고 세 번씩 따라 읽어 보세요.  08_02

1 
He took many pictures.
그는 사진을 많이 찍었다.

2 
Eric bought a koala doll.
에릭은 코알라 인형을 샀다.

3 
He saw many kangaroos.
그는 많은 캥거루들을 보았다.

4 
He fed the kangaroos.
그는 캥거루들에게 먹이를 주었다.

5 
Eric slept at his uncle's house.
에릭은 자기 삼촌 집에서 잤다.

6 
He ate delicious food.
그는 맛있는 음식을 먹었다.

7 
I gave a pen to Jane.
나는 펜을 제인에게 주었다.

8 
Did Eric sleep at the hotel?
에릭은 호텔에서 잤니?

9 
Did she cut the cake?
그녀가 케이크를 잘랐니?

10 
Eric went to Australia last summer.
에릭은 작년 여름에 호주에 갔다.

Words

took (사진을) 찍었다 (원형은 take)
bought 샀다 (원형은 buy)
fed 먹였다, 먹이를 주었다 (원형은 feed)
slept 잤다 (원형은 sleep)
uncle's 삼촌의

delicious 맛있는
gave 주었다 (원형은 give)
hotel 호텔
cut 자르다 (원형과 과거형 모양이 같음)
went to ~에 갔다 (원형은 go to)

Australia 호주
last summer 작년 여름 (last는 '지난'이란 의미)

C 그림을 보고 빈칸에 알맞은 것을 골라 써 보세요.

1 She _____________ many cats last Sunday.
☐ saw ☐ see

2 You _____________ a homerun yesterday.
☐ was hit ☐ hit

3 Did I _____________ you the book?
☐ give ☐ gave

4 Did they_____________ kangaroo dolls?
☐ bought ☐ buy

D 다음 문장을 과거 시제와 과거 의문문으로 만들어 보세요.

1 You take many pictures. 넌 사진을 많이 찍는다.

➡ 과거 시제

➡ 과거 의문문

2 He goes to the library. 그는 도서관에 간다.

➡ 과거 시제

➡ 과거 의문문

E 잘 듣고 따라 읽어 보세요.  08_03

Eric went to Australia last summer.
He stayed there ten days.
He saw many kangaroos.
He fed the kangaroos.
Did Eric sleep at a hotel?
No. Eric slept at his uncle's house.
He ate delicious food.
He took many pictures.
He bought a koala doll.
Eric thanked his uncle.
Did he love Australia? Yes, he did.
He loved Australia very much!

{ stay ~에 머무르다 very much 매우 많이 }

F 주어진 단어를 어순에 맞게 배열해 문장을 완성하세요.

1

| 그는 | 먹었다 | 맛있는 | 음식을 |

delicious   ate
food   he   .

____

2

| 그녀는 | 봤다 | 많은 | 캥거루를 |

saw   kangaroos
she   many   .

____

3

| 했니? | 에릭은 | 자다 | 호텔에서 |

at a hotel   did
sleep   Eric   ?

____

G 잘 듣고 빈칸에 알맞은 단어를 쓴 다음, 그림자를 따라 전체 문장을 써 보세요.  08_04

Heejin ________ to India last spring.

She ________ there five days.

She ________ many monkeys.

She ________ the monkeys.

Heejin ________ at her aunt's house.

She ________ great tea.

She ________ many pictures.

She ________ an elephant doll.

Heejin ________ her aunt.

She ________ India.

India 인도
monkey(s) 원숭이(들)
drank 마셨다 (원형은 drink)
aunt 고모, 이모
tea 차
elephant 코끼리

나의 지난 여행

➤➤ 나는 지난 겨울에 중국에 갔다. (last winter)

➤➤ 나는 거기에 4일 동안 머물렀다. (four days)

➤➤ 나는 호텔에서 잤다. (hotel)

➤➤ 나는 많은 절들을 봤다. (temples)

➤➤ 나는 사진을 많이 찍었다.

➤➤ 나는 맛있는 음식을 먹었다.

➤➤ 나는 탄산수를 마셨다. (soda)

차근차근 그래머 & 라이팅 2

>> 나는 팬더 인형을 샀다. (a panda doll)

>> 나는 중국이 아주 좋았다.

지난 여행에 대해 그려보세요!

동물

사자

lion

호랑이

tiger

곰

bear

코끼리

elephant

여우

fox

늑대

wolf

뱀

snake

악어

crocodile

UNIT 09

Was it fun?

그것은 재미있었니?

be동사의 과거 시제 의문문

+ be동사의 과거형은 was와 were라고 배웠어요. 과거의 상황이나 상태 등을 나타낼 때 쓰이죠.
+ 과거의 상황이나 상태가 어땠는지를 묻고 싶다면 Was나 Were를 문장 맨 앞으로 빼주면 됩니다.

예 **Was** he happy? – Yes, he was. / No, he wasn't.
그는 행복했니? – 응, 그랬어. / 아니, 그렇지 않았어.

A 잘 듣고 따라 읽어 보세요.  09_01

~이었니? (의문문)	응 (긍정 대답)	아니 (부정 대답)
Was I happy? 내가 행복했니?	**Yes, you were.** 응, 그랬어.	**No, you weren't.** 아니, 그렇지 않았어.
Was she sad? 그녀는 슬퍼했니?	**Yes, she was.** 응, 그랬어.	**No, she wasn't.** 아니, 그렇지 않았어.
Was he angry? 그는 화가 났었니?	**Yes, he was.** 응, 그랬어.	**No, he wasn't.** 아니, 그렇지 않았어.
Was it fun? 그것은 재미있었니?	**Yes, it was.** 응, 그랬어.	**No, it wasn't.** 아니, 그렇지 않았어.
Were you mad? 너는 열광했니?	**Yes, I was.** 응, 그랬어.	**No, I wasn't.** 아니, 그렇지 않았어.
Were you scared? 너희들은 무서웠니?	**Yes, we were.** 응, 그랬어.	**No, we weren't.** 아니, 그렇지 않았어.
Were we thirsty? 우린 목말랐니?	**Yes, you were.** 응, 그랬어.	**No, you weren't.** 아니, 그렇지 않았어.
Were they hungry? 그들은 배고팠니?	**Yes, they were.** 응, 그랬어.	**No, they weren't.** 아니, 그렇지 않았어.

 **B** 잘 듣고 세 번씩 따라 읽어 보세요. 🎧 09_02

1

Were you tired?
넌 지쳤니?

2

No, I wasn't.
아니, 그렇지 않았어.

3

Was it fun?
그것은 재미있었니?

4

Yes, it was.
응, 그랬어.

5

Were you at home yesterday?
넌 어제 집에 있었니?

6

Were you there all day?
넌 거기에 하루 종일 있었니?

7

Was she scared?
그녀는 무서워했니?

8

Were they angry?
그들은 화가 났었니?

9

Were you thirsty?
너희들은 목이 말랐니?

10

Was he hungry?
그는 배가 고팠니?

Words

tired 지친, 피곤한	there 거기에, 그곳에	thirsty 목마른
fun 재미있는	all day 하루 종일	hungry 배고픈
at home 집에(서)	scared 무서운	
yesterday 어제	angry 화가 난	

C 그림을 보고 빈칸에 알맞은 것을 골라 써 보세요.

1 ______________ he sad?
☐ Were ☐ Was

2 No, I ______________ at school.
☐ wasn't ☐ weren't

3 ______________ they scared?
☐ Were ☐ Was

4 ______________ I sad?
☐ Were ☐ Was

D 다음 문장을 과거 시제 의문문으로 만든 다음, 이에 대한 대답을 해보세요.

1 They are at the bookstore. 그들은 서점에 있다.

➡ 과거 의문문

➡ 대답(Yes)

2 She is angry. 그녀는 화가 나 있다.

➡ 과거 의문문

➡ 대답(No)

E 잘 듣고 따라 읽어 보세요. 🎧 09_03

A: Were you at home yesterday?
B: No, I wasn't.
   I went to the amusement park.
A: Was it fun?
B: Yes, it was. I rode many rides.
A: Were you there all day?
B: No, I wasn't. I came home at two.
   I swam with my family.
A: Were you tired?
B: Yes, I was. I was so tired. I slept at eight.

{ **amusement park** 놀이공원 **ride(s)** 탈것(들), 놀이기구(들) }

F 주어진 단어를 어순에 맞게 배열해 문장을 완성하세요.

1 ~했었니? 너는 피곤

| tired | you |
| were | ? |

____

2 응, 그것은 그랬어

| it | yes, |
| was | . |

____

3 ~있었니? 너는 거기에 하루 종일

| you | all day |
| were | there | ? |

____

G 잘 듣고 빈칸에 알맞은 단어를 쓴 다음, 그림자를 따라 전체 문장을 써 보세요.  09_04

A   you at home yesterday?

B   No, I   .

    I   to the water park.

A   it fun?

B   , it   .

A   you there with your family?

B   Yes, I   . We slid down the slide.

A   you scared?

B   , I   .

    I   happy.

water park 워터파크

slid down 미끄럼틀을 탔다
(slid는 동사 slide의 과거형)

slide 미끄럼틀

나의 어제는…

≫ 친구: 어제 집에 있었니?

≫ 나: 아니, 그렇지 않았어. 나는 미술 박물관에 갔어. (art museum)

≫ 친구: 그것은 재미있었니?

≫ 나: 응, 그랬어. 나는 그림들을 많이 봤어. (many pictures)

≫ 친구: 너는 거기에 부모님과 같이 있었니? (with your parents)

≫ 나: 응, 그랬어. 우리 아빠는 그림을 한 점 사셨어. (buy a picture)

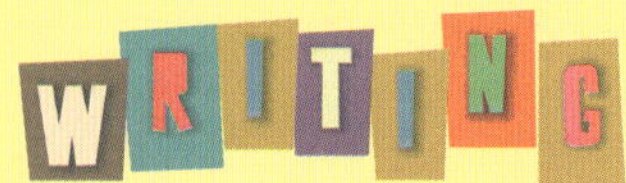

>> 친구: 그 그림은 멋졌니? (nice)

____

>> 나: 응, 그랬어. 우리는 그 그림이 마음에 들었어. (like)

____

어제 한 일들을 그려보세요!

채소 & 과일

감자	고구마
potato	**sweet potato**
양파	양배추
onion	**cabbage**
호박	복숭아
pumpkin	**peach**
배	멜론
pear	**melon**

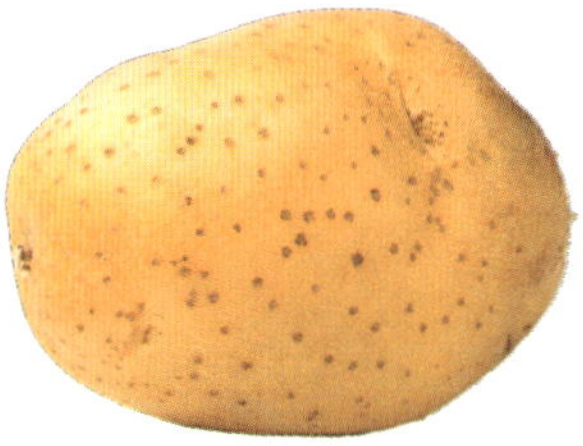

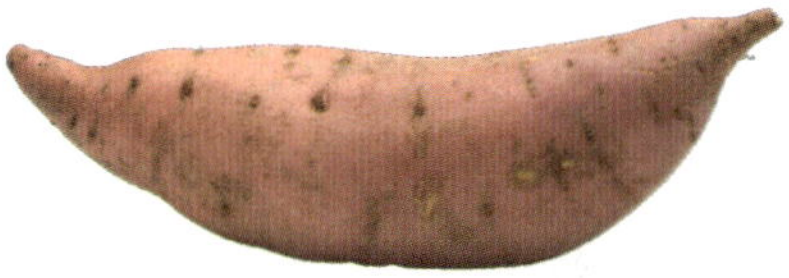

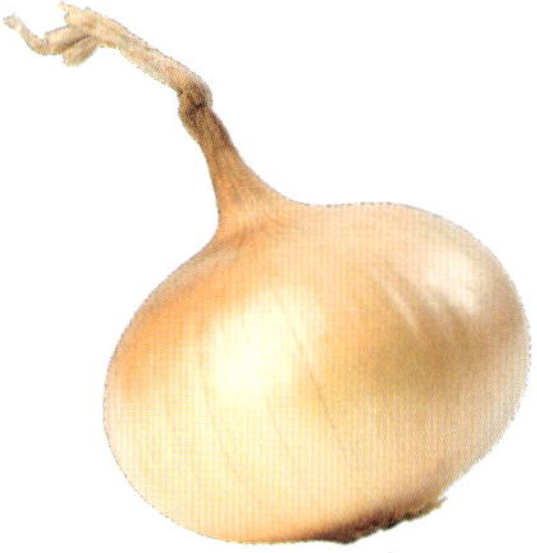

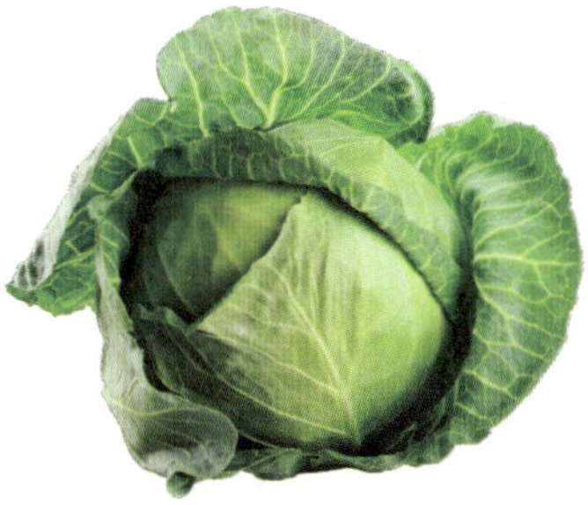

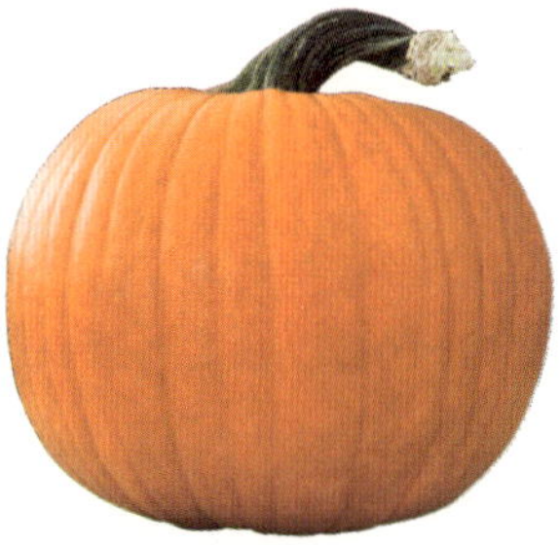

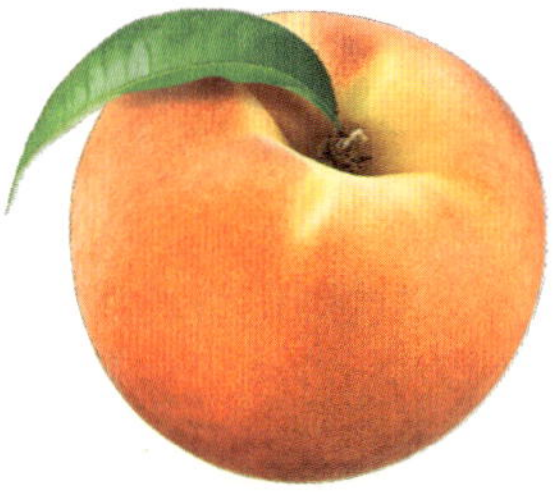

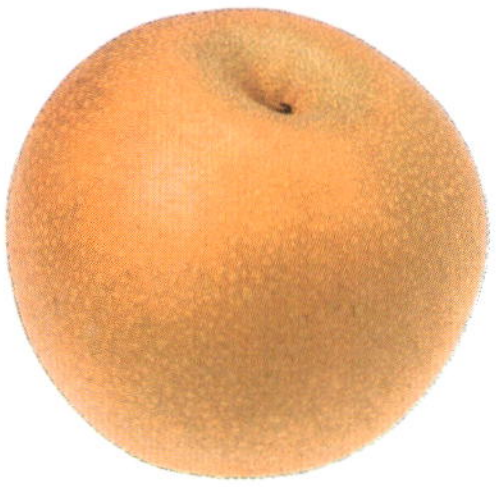

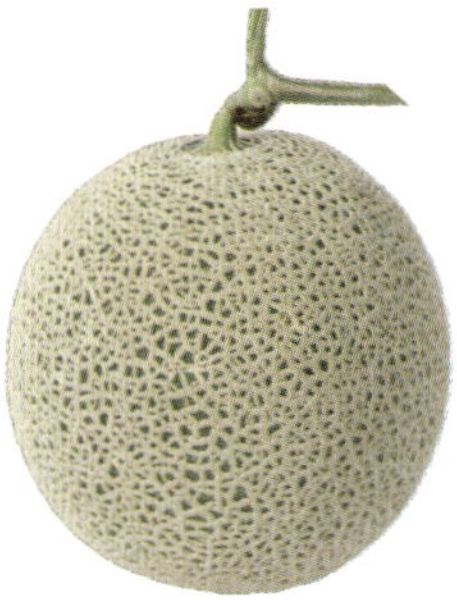

REVIEW TEST

A · A Bad Day 09_05

오늘 우진이가 겪은 안 좋은 일들을 잘 들어보세요.

다시 듣고 이야기와 일치하는 문장에 동그라미 하세요.

1   ☐ We walked and took.
     ☐ We walked and talked.

2   ☐ We had mud on us.
     ☐ I had mud on me.

3   ☐ Were you angry?
     ☐ Was he angry?

4   ☐ Kelly cries and I call Mom.
     ☐ Kelly cried and I called Mom.

5   ☐ She took a shower.
     ☐ I took a shower.

6   ☐ It wasn't a good day.
     ☐ It was a good day.

오늘 우진이가 겪은 안 좋은 일들을 모두 쓰세요.

____

ACROSS와 DOWN의 문제를 풀며 퍼즐을 완성하세요.

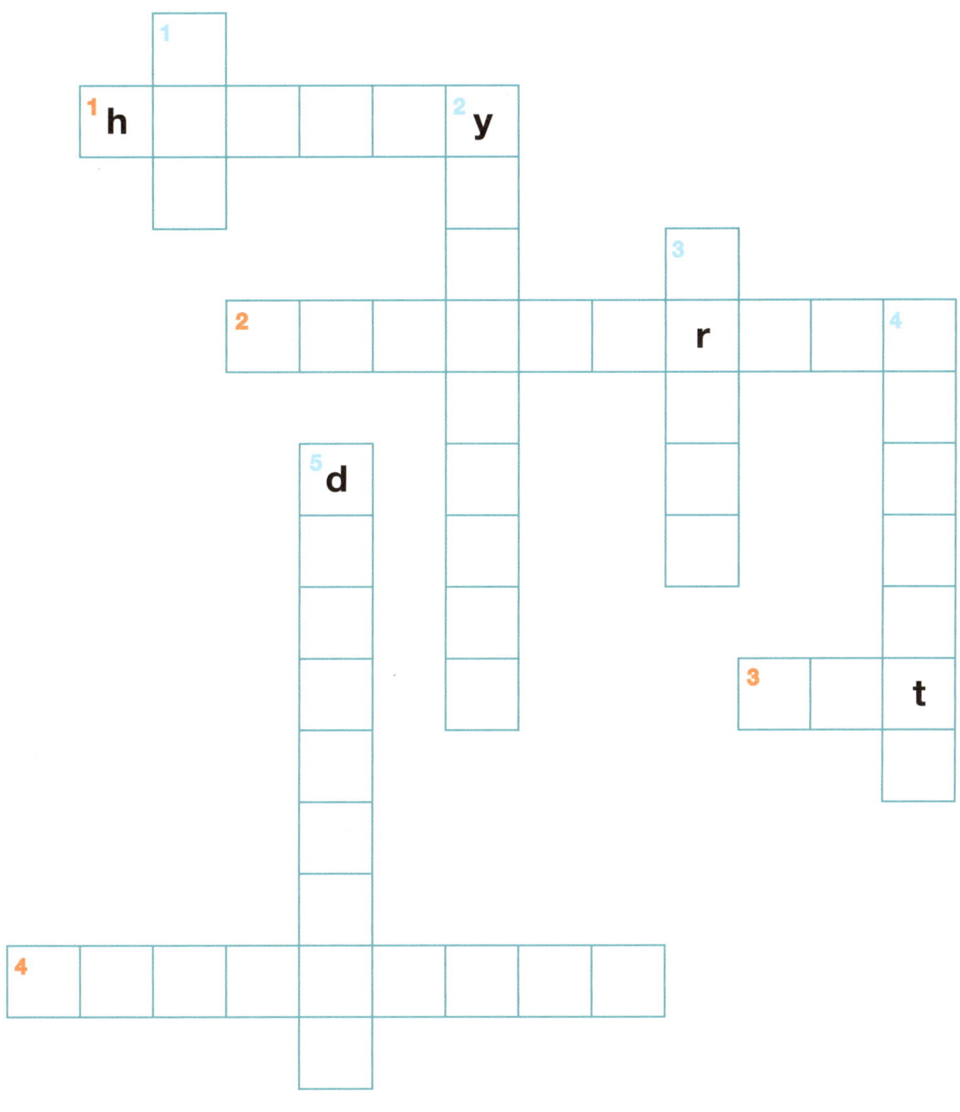

ACROSS 가로

1   She was 배고픈.
2   We had dinner at the 식당.
3   I 잘랐다 my hair.
4   Did they eat a 햄버거?

DOWN 세로

1   Was it 재미있는?
2   I went to the library 어제.
3   He 마셨다 some water.
4   They weren't 목마른.
5   I ate 맛있는 food.

C Correct

다음 문장에서 틀린 부분을 찾아 바르게 고쳐 쓰세요.

1 I feeded the monkeys. →

2 You didn't took a picture. →

3 Did she sat on the table? →

4 Was you thirsty? →

D Question & Answer

그림을 보고 질문과 대답을 완성해 보세요.

1 

drink

2 **3** 

yesterday/school

4 

stop

1 Q Did you _________ milk?
A (Yes / No), _________ _________ .

2 Q _________ she angry yesterday?
A (Yes / No), _________ _________ .

3 Q _________ they at the park?
A _________ , they weren't. They _________ at the _________ .

4 Q Did they _________ at the ice cream shop?
A No, they _________ at the bookstore.

보기 처럼 주어진 문장을 괄호 안에 제시된 목적에 맞게 바꿔 써 보세요.

보기
He called his friend.	➡ (not) He didn't call his friend.
We didn't visit her house.	➡ (ok) We visited her house.
I ate delicious food.	➡ (?) Did I eat delicious food?
She was happy.	➡ (?) Was she happy?

1 We played a board game. ➡ (not) _______________

2 I didn't study English. ➡ (ok) _______________

3 He slept at his aunt's house. ➡ (?) _______________

4 She was sad. ➡ (?) _______________

5 He wanted to eat ice cream. ➡ (not) _______________

6 You didn't like the bag. ➡ (ok) _______________

7 They loved the weather. ➡ (not) _______________

F **Making Sentences**

우리말을 보고 보기 에서 필요한 단어를 골라 영어로 문장을 써 보세요.

보기
| math | eat | slept |

1 나는 내 친구 집에서 잤다. ➡ _______________

2 그는 맛있는 음식을 먹었니? ➡ _______________

3 그들은 수학 공부를 했다. ➡ _______________

UNIT 10

Scott **was drinking** water in the gym.

스캇은 체육관에서 물을 마시고 있었다.

과거 진행 시제

✚ 과거 어느 순간에 진행되고 있던 일은 과거 진행 시제로 나타내요.
✚ be동사의 과거형 뒤에 〈동사원형+ing〉가 와요.(「was[were]+-ing」)
✚ 과거 진행 시제의 부정문은 be동사의 과거형 뒤에 not을 붙여요.
✚ 과거 진행 시제의 의문문은 be동사의 과거형을 문장 맨 앞으로 보내요.

A 잘 듣고 따라 읽어 보세요. 🎧 10_01

과거 진행 긍정문	~하고 있었다	
I / She / He / It 나는/그녀는/그는/그것은	**was running** 달리고 있었다	**in the park.** 공원에서
You / We / They 너는/우리는/그들은	**were having** 먹고 있었다	**lunch.** 점심을

과거 진행 부정문	~하고 있지 않았다	
I / She / He / It 나는/그녀는/그는/그것은	**was not[wasn't] sleeping** 자고 있지 않았다	**then.** 그때
You / We / They 너는/우리는/그들은	**were not[weren't] doing** 하고 있지 않았다	**it.** 그것을

과거 진행 의문문	~하고 있었니?		
Was 있었니?	**I / she / he / it** 나는/그녀는/그는/그것은	**watching** 보고	**TV?** TV를
Were 있었니?	**you / we / they** 너는/우리는/그들은	**talking** 이야기하고	**to him?** 그에게

B 잘 듣고 세 번씩 따라 읽어 보세요. 🎧 10_02

1

Jimmy was reading a book in the library.

지미는 도서관에서 책을 읽고 있었다.

2

Jessica was washing her hands in the restroom.

제시카는 화장실에서 손을 씻고 있었다.

3

Sally and I were having lunch in the cafeteria.

샐리와 나는 구내식당에서 점심을 먹고 있었다.

4

Scott was drinking water in the gym.

스캇은 체육관에서 물을 마시고 있었다.

5

We weren't studying.

우리는 공부를 하고 있지 않았다.

6

Tina was doing homework in the classroom.

티나는 교실에서 숙제를 하고 있었다.

7

I was not brushing my teeth.

나는 이를 닦고 있지 않았다.

8

They were not listening to music.

그들은 음악을 듣고 있지 않았다.

9

Was she sleeping in the living room?

그녀는 거실에서 자고 있었니?

10

Were you playing soccer in the morning?

넌 아침에 축구를 하고 있었니?

Words

library 도서관
wash one's hands 손을 씻다 (손을 씻을 땐 양손을 사용하니까 항상 복수형 hands로 쓰세요.)
restroom 화장실

have 먹다
cafeteria 구내식당
gym 체육관, 헬스클럽
do (one's) homework 숙제를 하다

brush one's teeth 이를 닦다
listen to music 음악을 듣다
living room 거실
in the morning 아침에

C 그림을 보고 빈칸에 알맞은 것을 골라 써 보세요.

1

He ____________________ TV.
☐ was watching ☐ were watching

2

____________ they ____________ in the classroom?
☐ Was ☐ Were / ☐ studied ☐ studying

3

I ____________________ in the bedroom.
☐ wasn't sleeping ☐ wasn't slept

4

We ____________________ the violin.
☐ weren't playing ☐ was playing

D 다음 문장을 과거 진행 시제의 부정문과 의문문으로 만들어 보세요.

1 Fred was writing a letter. 프레드는 편지를 쓰고 있었다.

➡ 부정문

➡ 의문문

2 You were washing the dishes in the kitchen. 넌 부엌에서 설거지를 하고 있었어.

➡ 부정문

➡ 의문문

E 잘 듣고 따라 읽어 보세요. 🎧 10_03

Dear Diary,   Date: February 15, 2015

There was an earthquake in the afternoon.

Was I studying in the classroom?

No, I wasn't. I wasn't studying.

Sally and I were having lunch in the cafeteria.

Jimmy was reading a book in the library.

Tina was doing homework in the classroom.

Scott was drinking water in the gym.

Jessica was washing her hands in the restroom.

We were very scared.

{ **Dear Diary** 일기장에게 **earthquake** 지진 **in the afternoon** 오후에 **scared** 겁먹은, 무서워하는 }

F 주어진 단어를 어순에 맞게 배열해 문장을 완성하세요.

1 | 나는 | 있지 않았다 | 달리고 |

wasn't   I
running   .

____

2 | 스캇은 | 있었다 | 물을 마시고 | 체육관에서 |

drinking water
was   in the gym
Scott   .

____

3 | 있었니? | 너는 | 공부하고 | 교실에서 |

you   studying
were   ?
in the classroom

____

G 잘 듣고 빈칸에 알맞은 단어를 쓴 다음, 그림자를 따라 전체 문장을 써 보세요.  10_04

Date: March 21, 2015

Dear Diary,

There was a shower in the afternoon.

________ we ____________ in the classroom?

No, we ____________. We ____________________.

We ____________________ on the playground.

Jack and I ____________ basketball.

George ____________ an email.

Mary and Jane ____________________ to each

other. Kevin ____________________ a book.

Fred ____________ the football game.

We were all wet!

a shower 소나기	**write** ~을 쓰다	**each other** 서로
rest 쉬다	**email** 이메일	**football game** 미식축구 경기
playground 운동장	**talk to** ~와/에게 이야기하다	**wet** 젖은

나의 일기

>> 날짜: 2015년 1월 19일

>> 일기에게,

>> 오후에 눈보라가 있었어. (snowstorm)

>> 난 교실에서 공부를 하고 있었냐고?

>> 아니, 난 공부를 하고 있지 않았어.

>> 나는 화장실에서 손을 씻고 있었어. (wash in the restroom)

>> 헬렌 (Helen)은 음악을 듣고 있었어. (listen to)

차근차근 그래머 & 라이팅 2

➤➤ 론(Ron)과 마이크(Mike)는 체육관에서 핸드볼을 하고 있었어. (handball / in the gym)

➤➤ 로라(Laura)는 교실에서 숙제를 하고 있었어. (do)

➤➤ 제프(Jeff)는 구내식당에서 샌드위치를 먹고 있었어. (in the cafeteria)

➤➤ 우리들은 모두 무서웠어. (scared)

학교에서 있었던 일을 그려보세요!

교통수단

기차

train

버스

bus

택시

taxi

자동차

car

트럭

truck

비행기

airplane

자전거

bicycle (=bike)

오토바이

motorcycle

UNIT 11

I **cannot** go outside.

나는 밖에 나갈 수 없다.

can

+ can은 '~할 수 있다'는 능력이나 가능성을 나타내요.
+ '~해도 된다'는 허가나 승낙을 나타내기도 해요.
+ cannot 또는 can't는 부정의 의미로 '~할 수 없다[못 한다]'나 '~하면 안 된다'예요.
+ 의문문은 can을 문장 맨 앞으로 빼서 「Can+주어+동사원형~?」 순으로 써요.

A 잘 듣고 따라 읽어 보세요. 11_01

능력, 가능   ~할 수 있다

Ⓐ **Can** he swim? 그는 수영할 수 있니?
Ⓑ **Yes**, he **can**. 응, 할 수 있어.
   He **can** swim. 그는 수영을 할 수 있어.

Ⓐ **Can** she swim? 그녀는 수영할 수 있니?
Ⓑ **No**, she **can't**. 아니, 못 해.
   She **can't** swim. 그녀는 수영을 못 해.

허가, 승락   ~해도 된다

Ⓐ **Can** I play the piano? 피아노 쳐도 되니?
Ⓑ **Yes**, you **can**. 응, 돼.
   You **can** play the piano.
   넌 피아노를 쳐도 돼.

Ⓐ **Can** I play the piano? 피아노 쳐도 되니?
Ⓑ **No**, you **can't**. 아니, 안 돼.
   You **can't** play the piano.
   넌 피아노를 치면 안 돼.

B 잘 듣고 세 번씩 따라 읽어 보세요. 🎧 11_02

1 

I can read a book.
나는 책을 읽을 수 있다.

2 

I cannot play ball.
나는 공놀이를 할 수 없다.

3 

I can drink warm water.
나는 따뜻한 물을 마셔도 된다.

4 

I can't drink cold water.
나는 찬물을 마시면 안 된다.

5 

You can lie in bed.
넌 침대에 누워 있어도 된다.

6 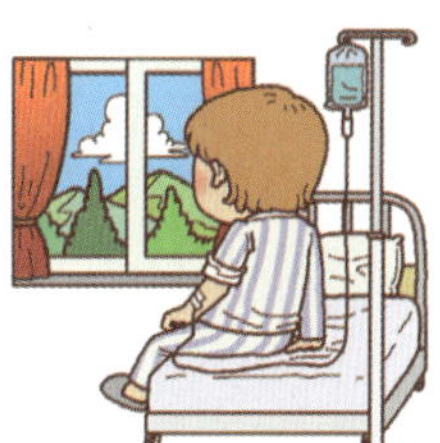

He cannot go outside.
그는 밖에 나갈 수 없다.

7 

They can't play outside.
그들은 밖에서 놀 수 없다.

8 

Can she come to my house?
그녀가 우리 집에 와도 돼요?

9 

Can you swim?
넌 수영할 수 있니?

10 

Can you play the guitar?
넌 기타를 칠 수 있니?

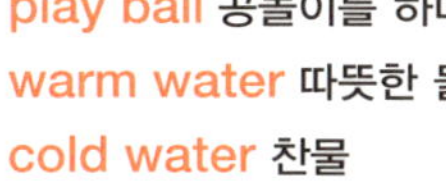 **Words**

play ball 공놀이를 하다
warm water 따뜻한 물
cold water 찬물
lie 눕다

outside 밖에(서), 바깥에(서)
swim 수영하다
play the + 악기 이름 ~를 연주하다
guitar 기타

 **Grammar Plus**

can은 조수처럼 동사를 도와(助) 동사의 뜻을 완성하는 조동사예요. 일반동사의 의문문과 부정문에 do를 사용했었죠? 이 do도 일반 동사로 의문문과 부정문을 만들게 돕는 조동사였어요. 조동사 뒤에는 항상 동사원형이 온다는 것 꼭 기억하세요.

C 그림을 보고 빈칸에 알맞은 것을 골라 써 보세요.

1

He ______________________ a bike.
☐ can ride ☐ riding

2

They ______________________ ball.
☐ cannot play ☐ play

3

I ______________________ cold water.
☐ can drank ☐ can drink

4

______________ you ______________ the flute?
☐ Can ☐ Can't / ☐ played ☐ play

D 다음 문장을 can의 부정문과 의문문으로 만들어 보세요.

1   He can speak English. 그는 영어를 할 수 있다.

➡ 부정문

➡ 의문문

2   You can eat cold ice cream. 너는 차가운 아이스크림 먹어도 된다.

➡ 부정문

➡ 의문문

E 잘 듣고 따라 읽어 보세요.  11_03

I am sick. I have the flu.
The doctor said I cannot go outside.
I cannot play ball. I can read a book inside my home.
I can lie in bed.
Can I drink cold water?
No, I can't. I can't drink cold water.
Mother said I can drink warm water.
I want to eat ice cream.
I want to play outside.
I can play soccer very well.

{ flu 독감 주어 said~ ~라고 말했다 }

F 주어진 단어를 어순에 맞게 배열해 문장을 완성하세요.

1 나는 〈 갈 수 있다 〈 밖에

outside   I
can go   .

____

2 나는 〈 할 수 없다 〈 공놀이를

cannot play   .
I   ball

____

3 해도 되니? 〈 내가 〈 마시다 〈 차가운 물을

?   drink   can
cold water   I

____

WRITING

I am sick. I have a stomachache.

The doctor said I   cold food.

I   milk.

I   hot food.

      I   fried chicken?

No, I   . I   fried chicken.

Mother said I   vegetable

soup.

I want to drink cold milk.

I want to eat meat.

I   a lot of meat.

have a stomachache
배가 아프다, 배탈이 나다
cold food 찬 음식
hot food 뜨거운 음식
vegetable 채소
meat 고기, 육류
a lot of 많은

할 수 있는 것과 할 수 없는 것

▶▶ 나는 아프다. 나는 감기에 걸렸다. (have a cold)

____

▶▶ 의사선생님이 밖에 나가면 안 된다고 말씀하셨다. (go outside)

____

▶▶ 나는 자전거를 타면 안 된다. (ride a bike)

____

▶▶ 나는 집 안에서 DVD들을 볼 수 있다. (watch DVDs / inside my home)

____

▶▶ 나는 침대에 누워 있어도 된다. (lie)

____

▶▶ 나는 찬 음식을 먹어도 되냐고? (cold food)

____

▶▶ 아니, 안 된다. 나는 찬 음식을 먹으면 안 된다.

____

▶▶ 엄마가 따뜻한 음식은 먹어도 된다고 말씀하셨다. (hot food)

▶▶ 나는 차가운 국수를 먹고 싶다. (cold noodles)

▶▶ 나는 자전거를 타고 싶다.

▶▶ 난 자전거를 아주 빨리 탈 수 있다. (very fast)

아플 때 할 수 있는 것과 없는 것을 그려보세요!

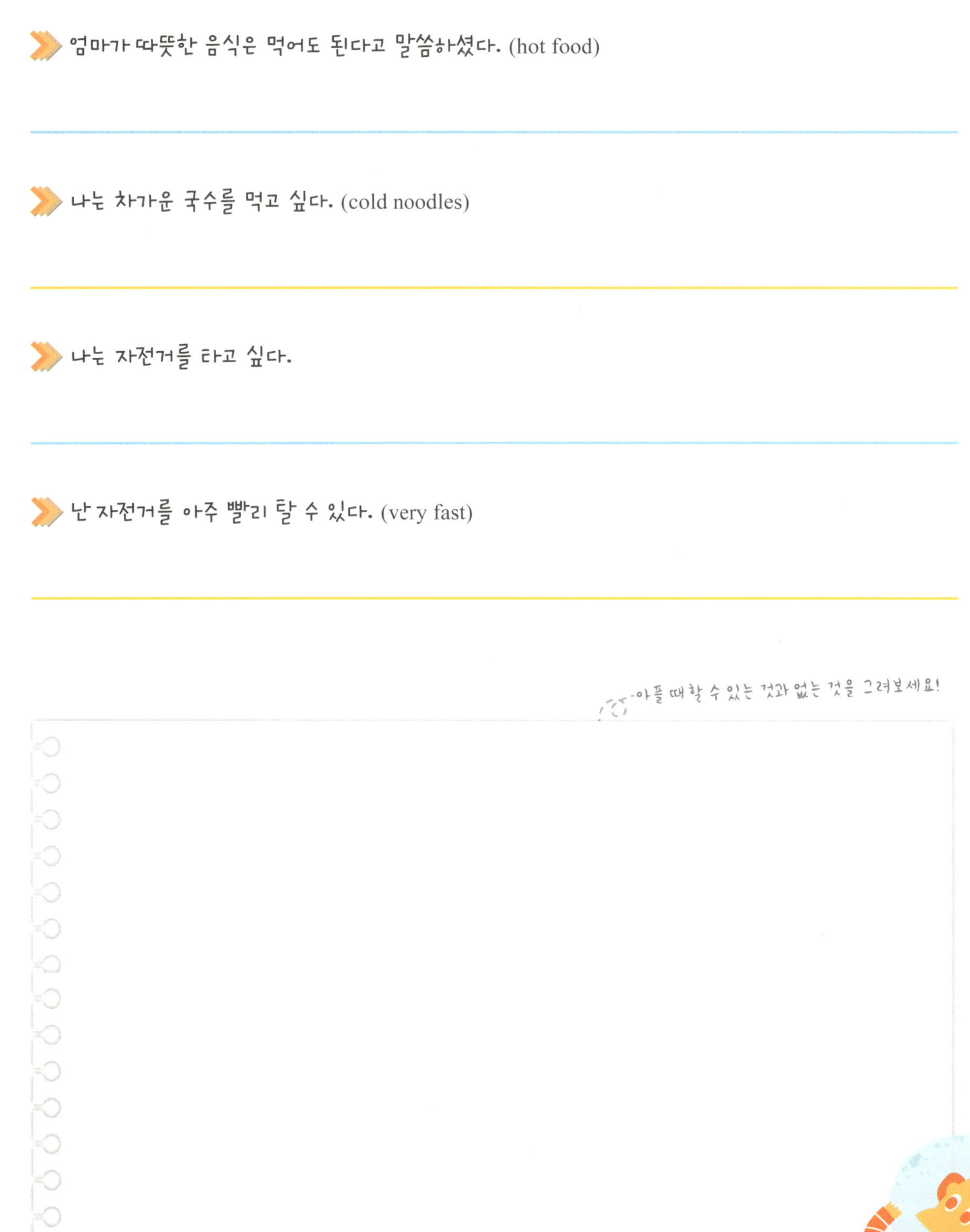

요일

월요일	화요일
Monday	**Tuesday**
수요일	목요일
Wednesday	**Thursday**
금요일	토요일
Friday	**Saturday**
일요일	주말
Sunday	**weekend**

UNIT 12

I have to make my bed.

나는 침대를 정리해야 한다.

have to

+ have to는 반드시 해야 할 일을 말할 때 쓰는 표현으로 '~해야 한다'는 의미예요. 동사원형 앞에 써요.

+ 주어가 3인칭 단수(He/She/It)일 때는 has to를 써요.

+ have to 앞에 don't나 doesn't를 살짝 넣어주면 부정문이 돼요. 이때 don't[doesn't] have to는 '~할 필요가 없다, ~하지 않아도 된다'는 의미입니다.

A 잘 듣고 따라 읽어 보세요. 🎧 12_01

I 나는	have to ~해야 한다	make 정리하다	my bed. 내 침대를
You 너는		do 하다	your homework. 너의 숙제를
We 우리는	don't have to ~ 안 해도 된다	go 가다	to school. 학교에
They 그들은		come 오다	home. 집에

He 그는	has to ~해야 한다	clean 청소하다	his room. 그의 방을
She 그녀는		eat 먹다	lunch. 점심을
It 그것은	doesn't have to ~ 안 해도 된다	drink 마시다	water. 물을

B 잘 듣고 세 번씩 따라 읽어 보세요. 🎧 12_02

1 
I have to clean my desk.
나는 내 책상을 청소해야 한다.

2 
I don't have to wash the dishes.
나는 설거지를 하지 않아도 된다.

3 
You have to make your bed.
너는 침대를 정리해야 한다.

4 
You don't have to vacuum the house.
너는 진공청소기로 집을 청소하지 않아도 된다.

5 
We have to feed the cat.
우리는 고양이에게 밥을 주어야 한다.

6 
We don't have to do the laundry.
우리는 빨래를 하지 않아도 된다.

7 
I have to do my homework before dinner.
나는 저녁식사 전에 숙제를 해야 한다.

8 
You don't have to go to the dentist.
넌 치과에 가지 않아도 된다.

9 
He has to get up at seven o'clock.
그는 7시에 일어나야 한다.

10 
She doesn't have to wipe the floor.
그녀는 바닥을 닦지 않아도 된다.

Words

wash the dishes 설거지하다	do the laundry 빨래하다	get up (잠자리에서) 일어나다
make one's bed 침대를 정리하다	do one's homework 숙제하다	wipe ∼을 닦다
vacuum 진공청소기를 돌리다	before dinner 저녁식사 전에	floor 바닥
feed ∼를 먹이다, ∼에게 먹이를 주다	go to the dentist 치과에 가다 (dentist는 '치과의사'를 의미)	

C 그림을 보고 빈칸에 알맞은 것을 골라 써 보세요.

1

They ___________________ to school.

☐ has to go   ☐ have to go

2

It ___________________ the house.

☐ has to cleans   ☐ has to clean

3

He ___________________ wash the dishes.

☐ don't have to   ☐ doesn't have to

D 다음 문장을 긍정문은 부정문으로, 부정문은 긍정문으로 바꿔 써 보세요.

1　I don't have to clean my room. 나는 내 방을 청소하지 않아도 된다.

➡ ____

2　He doesn't have to do the laundry. 그는 빨래를 하지 않아도 된다.

➡ ____

3　Gina has to wipe the floor. 지나는 바닥을 닦아야 한다.

➡ ____

4　We have to go to bed before 10 o'clock. 우리는 10시 전에 잠자리에 들어야 한다.

➡ ____

E 잘 듣고 따라 읽어 보세요.  12_03

There are some things I have to do at home.
I have to make my bed.
I have to clean my desk.
I have to feed the cat.
I have to do my homework before dinner.
And I have to go to bed before 10.
There are some things I don't have to do at home.
I don't have to wash the dishes.
I don't have to vacuum the house.
I don't have to do the laundry.

F 주어진 단어를 어순에 맞게 배열해 문장을 완성하세요.

1 나는 〈 해야 한다 〈 먹이를 주다 〈 그 고양이에게

the cat   have to   feed   .   I

____

2 그는 〈 해야 한다 〈 진공청소기를 돌리다

vacuum   .   he   has to

____

3 나는 〈 ~ 않아도 된다 〈 하다 〈 빨래를

the laundry   do   I   .   don't have to

____

G 잘 듣고 빈칸에 알맞은 단어를 쓴 다음, 그림자를 따라 전체 문장을 써 보세요.  12_04

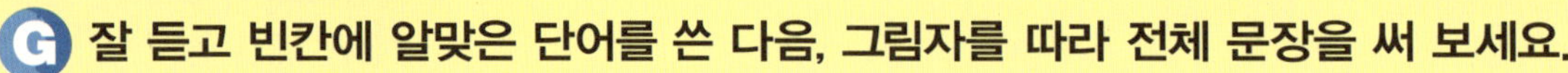

There are some things I ______ ______ at home.

I ______ my room.

I ______ with my brother.

I ______ the yard.

I ______ the table.

And I ______ up at seven thirty.

There are some things I ______ do at home.

I ______ food.

I ______ the house.

I ______ the dog.

with ~와 함께   sweep ~를 쓸다   yard 마당   set the table 식탁을 차리다   cook 요리하다

▶ 내가 집에서 해야 할 몇 가지 일들이 있다.

____

▶ 나는 금붕어 밥을 줘야 한다. (the goldfish)

____

▶ 나는 욕실을 청소해야 한다. (the bathroom)

____

▶ 나는 내 책상을 청소해야 한다. (my desk)

____

▶ 그리고 나는 11시 전에 잠자리에 들어야 한다. (before 11 o'clock)

____

▶ 나는 집에서 하지 않아도 되는 몇가지 일들이 있다.

____

▶ 나는 식탁을 차리지 않아도 된다. (set the table)

____

나는 바닥을 닦지 않아도 된다. (wipe the floor)

___

나는 개를 산책시키지 않아도 된다. (walk the dog)

___

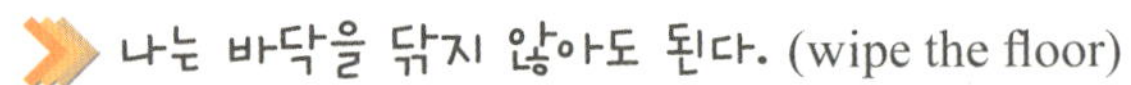 집에서 해야 할 일과 하지 않아도 되는 일을 그려보세요!

1월 ~ 12월

1월	2월
January	**February**

3월	4월
March	**April**

5월	6월
May	**June**

7월	8월
July	**August**

9월	10월
September	**October**

11월	12월
November	**December**

Unit 10~12
REVIEW *TEST*

Ⓐ My sister, Helen 🎧 12_05
감기에 걸린 헬렌의 이야기를 잘 들어보세요.

다시 듣고 이야기와 일치하는 문장에 동그라미 하세요.

1 ☐ She wasn't skiing in the snow.
☐ She was skiing in the snow.

4 ☐ She has to stay in bed.
☐ She doesn't have to stay in bed.

2 ☐ She cannot talk.
☐ She can talk.

5 ☐ She can't drink cold water.
☐ She can drink cold water.

3 ☐ She has to go home.
☐ She has to go to the doctor.

6 ☐ She has to study.
☐ She doesn't have to study.

헬렌이 할 수 없는 것과 하지 않아도 되는 것을 모두 쓰세요.

· Helen cannot ___________________________________

· Helen doesn't have to ___________________________________

B Word Search

빈칸에 알맞은 영어 단어를 아래에서 찾아 동그라미 하세요.

1 He was doing the ___________.
빨래

2 They were playing in the ________.
체육관

3 Can I go to the ___________?
화장실

4 Were they on the ___________.
운동장

5 He can't ___________.
잠을 자다

6 You cannot go ___________.
밖에

7 I can't drink ________ water.
차가운

8 We have to ________ the house.
진공청소기를 돌리다

9 She can eat ________ food.
뜨거운

10 We were having in the ________.
구내식당

11 Can she ________ in bed?
눕다

12 My brother has the ________.
독감

c	a	f	e	t	e	r	i	a	r	p	h
d	r	e	s	t	r	o	o	m	a	l	j
o	r	i	o	s	l	e	e	p	e	a	u
f	l	j	h	g	k	k	b	p	h	y	i
e	a	w	o	u	t	s	i	d	e	g	e
t	u	p	t	r	g	h	c	f	p	r	f
y	n	f	j	c	o	l	d	b	a	o	e
o	d	s	e	o	y	l	p	i	b	u	o
w	r	v	a	c	u	u	m	f	j	n	y
g	y	m	c	i	r	g	i	o	u	d	m
o	n	a	y	t	l	i	e	v	b	z	o
u	r	w	a	m	m	e	z	e	f	l	u

C Match

다음 중 서로 어울리는 것을 찾아 연결하세요.

1 I wasn't •   • play the flute?

2 We don't •   • have to go to school tomorrow.

3 Was she •   • washing my hands in the restroom.

4 Can Mary •   • listening to music?

D Question & Answer

그림을 보고 질문과 대답을 완성해 보세요.

1 
play

2 
feed

3 
play

1 Q ________ he ________ the piano?
   A ________, he can.

2 Q What does she have to do?
   A She ________ to ________ the dog.

3 Q ________ they ________ a video game yesterday?
   A ________, they were.

4 Q Can I ________ the video game?
   A No, ________ ________.

E Changing Sentences

보기처럼 주어진 문장을 괄호 안에 제시된 목적에 맞게 바꿔 써 보세요.

보기
He was playing soccer.	➡ (not) He wasn't playing soccer.
They were studying English.	➡ (?) Were they studying English?
You can read a book.	➡ (not) You can't read a book.
She has to clean her room.	➡ (not) She doesn't have to clean her room.

1 I can go outside. ➡ (not) ______________________________

2 Scott can play the flute. ➡ (?) ______________________________

3 He has to make his bed. ➡ (not) ______________________________

4 They were exercising in the gym. ➡ (?) ______________________________

5 He can eat cold ice cream. ➡ (?) ______________________________

6 I have to do my homework. ➡ (not) ______________________________

F Making Sentences

우리말을 보고 보기에서 필요한 단어를 골라 영어로 문장을 써 보세요.

보기
| brush | speak | desk |

1 그녀는 이를 닦고 있었니? ➡ ______________________________

2 그들은 영어를 말할 수 있다. ➡ ______________________________

3 우리는 우리 책상을 청소해야 한다. ➡ ______________________________

불규칙동사

불규칙동사는 과거형과 과거분사형이 불규칙적으로 변하는 동사로 크게 네 가지 유형으로 나뉩니다.

(1) A – A – A
cut – cut – cut
let – let – let

(2) A – B – B
feel – felt – felt
find – found – found

(3) A – B – C
begin – began – begun
eat – ate – eaten

(4) A – B – A
come – came – come
run – ran – run

원형	과거형	과거분사형
become …이 되다	became	become
begin 시작하다	began	begun
break 깨뜨리다	broke	broken
buy 사다	bought	bought
come 오다	came	come
choose 고르다, 선택하다	chose	chosen
cut 자르다	cut	cut
do …하다	did	done
draw 그리다	drew	drawn
eat 먹다	ate	eaten
fall 넘어지다, 떨어지다	fell	fallen
feed 먹이를 주다	fed	fed
feel 느끼다	felt	felt
find 발견하다, 찾다	found	found
fly 날다	flew	flown
forget 잊다	forgot	forgotten

get 받다, 얻다	got	gotten
give 주다	gave	given
go 가다	went	gone
grow 자라다	grew	grown
have 가지다	had	had
hear 듣다	heard	heard
hide 숨다	hid	hidden
keep 유지하다	kept	kept
know 알다	knew	known
let …하자	let	let
lose 잃다, 잃어버리다	lost	lost
make 만들다	made	made
meet 만나다	met	met
read[ri:d] 읽다	read[red]	read[red]
ride 타다	rode	ridden
run 달리다	ran	run
say 말하다	said	said
send 보내다	sent	sent
sing 노래하다	sang	sung
sleep 잠을 자다	slept	slept
spend 보내다, 쓰다	spent	spent
swim 수영을 하다	swam	swum
take 잡다, 찍다	took	taken
teach 가르치다	taught	taught
throw 던지다, 버리다	threw	thrown
understand 이해하다	understood	understood
wake 깨어나다	woke	woken
wear 입다	wore	worn
win 이기다	won	won
write 쓰다	wrote	written

주니어 영어 낭독 훈련 시리즈

주니어 영어 낭독 훈련 Picture Talk ❶ | 주니어 영어 낭독 훈련 Picture Talk ❷
주니어 영어 낭독 훈련 Topic Talk ❶ | 주니어 영어 낭독 훈련 Topic Talk ❷

박광희 • 캐나다 교사 영낭훈 연구팀 지음 | 대국판 | 12,000원 | MP3 CD 1

낭독과 회화 훈련을 동시에 병행하면서 궁극적으로 스피킹의
기본기를 체득할 수 있는 주니어를 위한 영어 낭독 훈련 교재

주니어 영어 암송 훈련 시리즈

❶ Classroom 교실 | ❷ Home 가정 | ❸ Fun 취미생활 | ❹ Lifestyle 여가생활 | ❺ Language
Arts•Social Studies • Music 언어 • 사회 • 음악 | ❻ Math • Science • Art 수학 • 과학 • 미술
박광희 • 캐나다 교사 영낭훈 연구팀 지음 | 대국판 | 1~4권 10,000원 | 5~6권 11,000원
부록 : (MP3 파일 + 플래시 카드 PDF) CD 1장

내 몸이 기억할 때까지 암송해야 스피킹이 폭발적으로 터지게 됩니다!

Let's Speak 영어 낭독 훈련 시리즈

❶ Let's Speak 영어 낭독 훈련 D1 | ❷ Let's Speak 영어 낭독 훈련 D2 | ❸ Let's Speak 영어 낭독 훈련 D3 | ❹ Let's Speak 영어 낭독 훈련 E1 | ❺ Let's Speak 영어 낭독 훈련 E2 | ❻ Let's Speak 영어 낭독 훈련 E3 | ❼ Let's Speak 영어 낭독 훈련 F1 | ❽ Let's Speak 영어 낭독 훈련 F2 | ❾ Let's Speak 영어 낭독 훈련 F3

Steve Brown, 조 희 지음 | 각권 12,600원 | 부록 : MP3 CD 1, Workbook 1(책속 책)

당당하게 너의 이야기를 영어로 말해봐!

초등학교 시기는 영어를 점수를 따야 하는 학과목이 아닌 의사소통의 도구로 학습할 수 있는 황금기입니다. 하지만, 이제 막 열린 언어 항아리에 아무것이나 채워 넣는다고 해서 영어로 말하게 되는 것은 아닙니다. 어려운 단어를 줄줄 외우는 것 보다 중요한 것은 실생활에서 자주 쓰이는 단어와 표현을 가지고 자연스러운 대화를 이어나갈 수 있는 능력입니다.

우리가 가장 잘 말할 수 있고, 가장 하고 싶은 이야기인 '나의 이야기'를 다양하게 다루고 있는 「Let's Speak 영어 낭독 훈련 시리즈」를 통해 영어로 입을 열게 되는 자신감을 쌓으세요!

중학 영어 문법 체화 훈련 – 중1

이인철, 최천문, 나우철 저 | 210×297 | 324쪽 | 15,000원 | MP3 CD 1, 낭독훈련북

중학 영어 문법 체화 훈련 – 중2

최천문, 나우철, 이인철 저 | 210×297 | 336쪽 | 15,000원 | MP3 CD 1, 낭독훈련북

중학 영어 문법 체화 훈련 – 중3

나우철, 이인철, 최천문 저 | 210×297 | 364쪽 | 15,000원 | MP3 CD 1, 낭독훈련북

중학 영어 단어 체화 훈련 1

AST English Lab 저 | 188×257 | 388쪽 | 14,500원 | MP3 파일+테스트북 다운로드

중학 영어 단어 체화 훈련 2

AST English Lab 저 | 188×257 | 388쪽 | 14,500원 | MP3 파일+테스트북 다운로드

중학 영어 문장 해석 훈련 1

이미애, 이은주, 나우철 저 | 210×297 | 132쪽 | 10,000원 | MP3 파일+정답 및 해설 다운로드

중학 영어 문장 해석 훈련 2

이은주, 나우철, 이미애 저 | 210×297 | 152쪽 | 10,000원 | MP3 파일+정답 및 해설 다운로드

중학 영어 문장 해석 훈련 3

나우철, 이미애, 이은주 저 | 210×297 | 142쪽 | 10,000원 | MP3 파일+정답 및 해설 다운로드

차근차근

그래머 &
Grammar
라이팅
Writing

차근차근
그래머 & 라이팅 2
Grammar
Writing

WORKBOOK

사람in

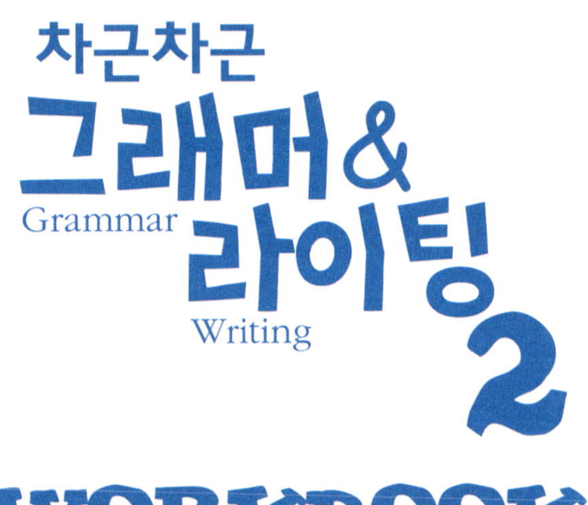

Contents

UNIT 01

I go to bed at ten.

A 다음 문장을 지시에 따라 바꿔 써보세요.

1 You walk to school. ➡ (부정문)

2 She doesn't live here. ➡ (긍정문)

3 I know him. ➡ (의문문)

4 He wears pants. ➡ (부정문)

5 They don't have books. ➡ (긍정문)

6 He watches TV. ➡ (의문문)

7 She wakes up at nine. ➡ (의문문)

B 빈칸에 알맞은 형태의 동사를 써서 현재 시제의 문장을 만들어 보세요.

1 
I ___ ___ a shower.
나는 샤워를 하지 않는다.

2
My sister ___ her hair every day.
나의 여동생은 매일 머리를 감는다.

3
My brother ___ ___ his hair.
나의 남동생은 머리를 빗지 않는다.

4 
We ___ to bed at ten.
우리는 10시에 잠자리에 든다.

5 
___ he ___ to school?
그는 학교에 가니?

6 
___ they ___ up early in the morning?
그들은 아침에 일찍 일어나니?

C 알맞은 것에 동그라미 한 다음, 전체 문장을 써보세요.

1 She (doesn't gets / doesn't get) up at seven. 그녀는 7시에 일어나지 않는다.

➡

2 (Does / Do) they (go / goes) to bed at eleven? 그들은 11시에 잠자리에 드니?

➡

3 He (take / takes) a walk every morning. 그는 매일 아침 산책을 한다.

➡

D 우리말을 참고하여 영어로 피터의 하루 일과를 써보세요.

Peter의 하루일과

나는 8시에 일어난다.

나는 머리를 감지 않는다.

나의 누나는 머리를 빗는다.

우리는 9시에 학교에 간다.

나는 TV를 본다.

우리는 6시 30분에 저녁을 먹는다.

UNIT 02

A woman is sitting on a bench.

A 각 주어에 어울리는 현재 진행 시제를 보기 에서 모두 골라보세요.

1 We __________

2 He __________

3 They __________

4 It __________

5 She __________

6 You __________

7 I __________

보기
ⓐ are having   ⓑ is making   ⓒ am sitting   ⓓ is flying
ⓔ is throwing   ⓕ are walking   ⓖ am running   ⓗ are stopping

B 빈칸에 알맞은 단어를 써보세요.

1 
Men are __________ baseball.
남자들이 야구를 하고 있다.

2 
Many people are __________ and __________ in the park.
많은 사람들이 공원에서 걷고 뛰고 있다.

3 
I am __________ a ball.
나는 공을 던지고 있다.

4 
Jeff is __________ a ball.
제프는 공을 받고 있다.

5 
A boy is __________ a kite.
한 남자아이가 연을 날리고 있다.

6 
A girl is __________ a bike.
한 여자아이가 자전거를 타고 있다.

C 알맞은 것에 동그라미 한 다음, 전체 문장을 써보세요.

1 I (am making / am makeing) a doll.
나는 인형을 만들고 있다.

2 A girl (is siting / is sitting) on a sofa.
한 여자아이가 소파에 앉아 있다.

3 We (are haveing / are having) fun.
우리는 즐겁게 지내고 있다.

D 우리말을 참고하여 다이아나의 즐거운 하루에 대해 써보세요.

Diana의 즐거운 하루

사람들은 공원에서 즐거운 시간을 보내고 있다.

여자아이들은 자전거들을 타고 있다.

한 여자는 음악을 듣고 있다.

한 남자아이는 연을 날리고 있다.

남자들은 축구를 하고 있다.

나는 공원을 뛰고 있다.

나의 가족은 간식을 먹고 있다.

UNIT 03 — I am not doing my homework.

A 단어들을 주어진 지시에 맞게 현재 진행 시제로 바꿔 써보세요.

1 we / feed / dogs ➡ (부정문)

2 he / sing / a song ➡ (의문문)

3 they / bake / cookies ➡ (의문문)

4 she / wipe / the floor ➡ (부정문)

5 you / help / Jim ➡ (의문문)

6 I / do / homework ➡ (부정문)

B 빈칸에 알맞은 단어를 써보세요.

1 
She is ________ ________ a movie.
그녀는 영화를 보고 있지 않다.

2 
He ________ ________ the dishes.
그는 설거지를 하고 있지 않다.

3 
________ you ________ your homework?
너는 숙제를 하고 있니?

4 
I'm ________ ________ my homework.
나는 숙제를 하고 있지 않다.

5 
________ Vicky ________ her room?
비키는 자기 방을 청소하고 있니?

6 
She is ________ ________ her room.
그녀는 자기 방을 청소하고 있지 않다.

C 알맞은 것에 동그라미 한 다음, 전체 문장을 써보세요.

1 We are (not washing / not wash) the car. ➡
우리는 세차를 하고 있지 않다.

2 Is she (watching / watches) a movie? ➡
그녀는 영화를 보고 있나요?

D 우리말을 참고하여 엄마와 탐의 전화 통화 내용을 써보세요.

Tom은 엄마와 통화중

Mom: ____
여보세요. 마이크(Mike)니?

Tom: ____
아니요, 그렇지 않아요. 전 탐(Tom)이에요.

Mom: ____
너의 누나는 숙제를 하고 있니?

Tom: ____
아니요, 그렇지 않아요. 그녀는 TV를 보고 있어요.

Mom: ____
탐, 너는 방 청소를 하고 있니?

Tom: ____
아니요. 전 개 밥을 주고 있어요.

Mom: ____
고맙구나, 탐. 마이크는 바닥을 대걸레질하고 있니?

Tom: ____
아니요, 그렇지 않아요. 그는 바닥을 대걸레질하고 있지 않아요.

Mom: ____
내가 지금 바로 집에 가마!

UNIT 04

It is spring.

A 문장에서 비인칭 주어에 동그라미하고, 해당 주어가 무엇을 나타내는지 표시하세요.

1 It is twelve fifteen. 요일 ☐ 시간 ☐

2 It is 123 meters. 거리 ☐ 계절 ☐

3 It is cold. 날짜 ☐ 날씨 ☐

4 It is Tuesday. 요일 ☐ 무게 ☐

5 It is winter. 거리 ☐ 계절 ☐

6 It is August 15. 날짜 ☐ 시간 ☐

7 It is 20 kilograms. 거리 ☐ 무게 ☐

B 빈칸에 알맞은 단어를 써보세요.

1 
It's __________ .
일요일이다.

2 
It is __________ .
봄이다.

3 
It's __________ .
따뜻하다.

4 

It is __________ __________
from our house.
우리 집에서 200미터 떨어져 있다.

5 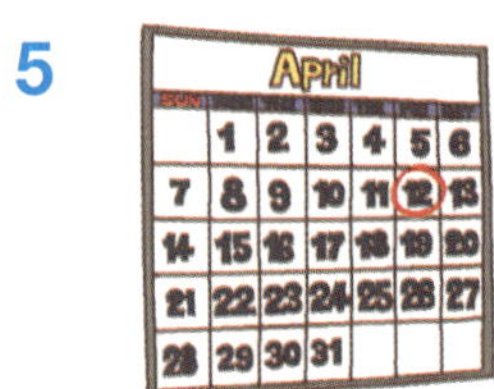

It's __________ __________ .
4월 12일이다.

6 
__________ a nice day.
좋은 날이다.

C 그림을 보고 비인칭 주어 It으로 시작하는 문장을 써보세요.

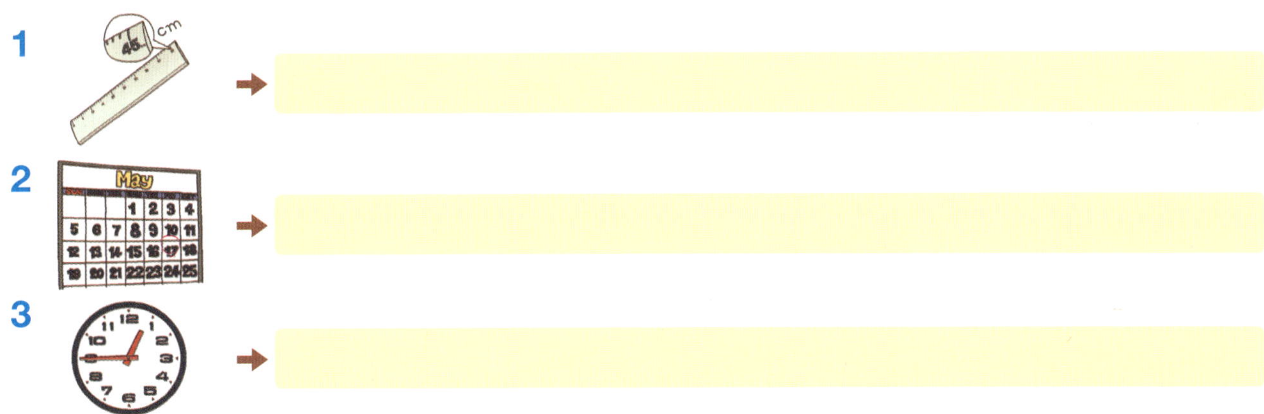

1 ➡

2 ➡

3 ➡

D 우리말을 참고하여 쏘냐의 어느 날을 써보세요.

Sonia의 어느 날

7월 20일이다. 여름이다.

나는 아침에 일어난다. 9시 정각이다.

나는 창문을 연다. 덥다.

토요일이다. 그래서(So) 나는 학교에 가지 않는다.

나의 가족은 공원으로 간다.

우리 집에서부터 150미터 거리이다.

좋은 날이다.

UNIT 05
There are cups in the sink.

A 다음 문장의 빈칸에 들어갈 수 있는 명사에 체크(V) 표시하세요.

		단수명사	셀 수 없는 명사	복수명사	
1	There are	a cup	rice	cups	in the sink.
2	There is no	bowl	milk	bowls	on the table.
3	There aren't any	dish	water	dishes	in the cupboard.
4	Are there any	fork	rice	forks	in the drawer?
5	There isn't any	cup	salt	cups	on the table.
6	Is there any	spoon	sugar	spoons	in the cupboard?

B 빈칸에 알맞은 단어를 써보세요.

1 There ☐ ☐ ☐ on the table.
식탁 위에 그릇이 있다.

2 There ☐ ☐ on the table.
식탁 위에 시리얼이 있다.

3 There ☐ ☐ and spoons in the drawer.
서랍 안에 포크와 숟가락이 들어 있다.

4 There ☐ some ☐ in the refrigerator.
냉장고 안에 우유가 있다.

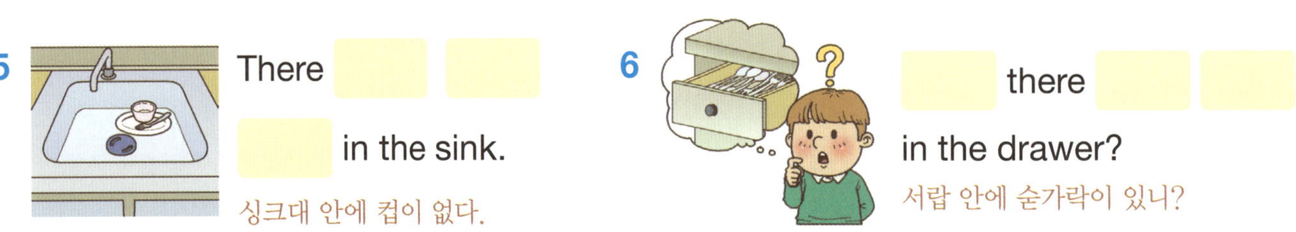

5 There ☐ ☐ ☐ in the sink.
싱크대 안에 컵이 없다.

6 ☐ there ☐ ☐ in the drawer?
서랍 안에 숟가락이 있니?

C 그림을 보고 주어진 단어들을 활용하여 There is 또는 There are 문장을 써보세요.

1 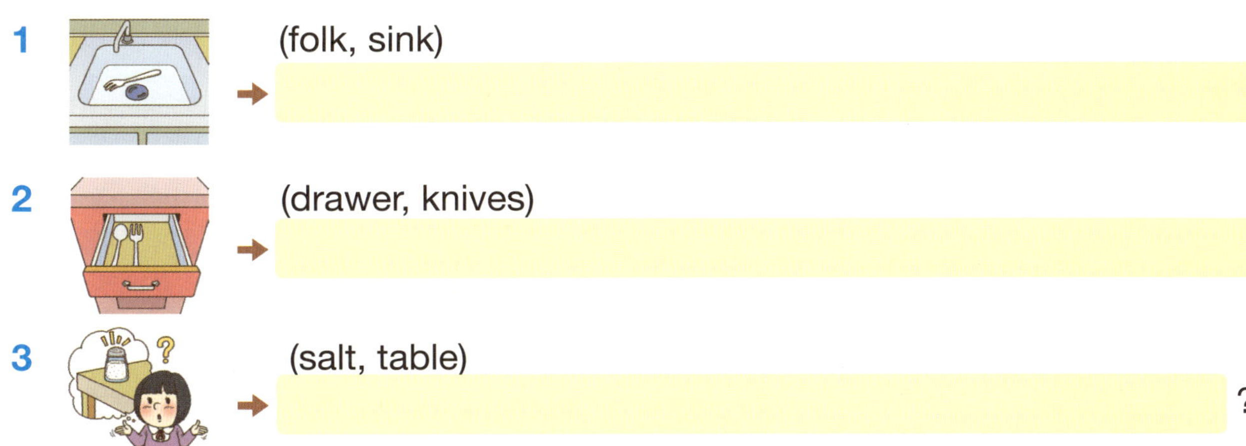 (folk, sink)
→

2 (drawer, knives)
→

3 (salt, table)
→ ?

D 우리말을 참고하여 잭의 부엌에 대해 설명해 보세요.

Jack의 부엌

이것은 우리 부엌이다.

그릇들과 접시들이 찬장 안에 있다.

서랍에는 젓가락들과 숟가락들이 있다.

냉장고 안에는 버터가 좀 있다.

냉장고 안에 잼은 없다.

아침식사를 할 시간이다!

I was eleven years old.

A 두 문장의 뜻이 같도록 빈칸에 알맞은 줄임말을 쓰세요.

1 You were not kind. = You ________ kind.

2 She was not a doctor. = She ________ a doctor.

3 We were not happy. = We ________ happy.

4 I was not in the house. = I ________ in the house.

5 It was not smart. = It ________ smart.

6 They were not singers. = They ________ singers.

7 He was not at the office. = He ________ at the office.

B 빈칸에 알맞은 단어를 써보세요.

1 

He ________ an actor.
그는 배우가 아니었다.

2 You ________ my good friends.
너희들은 좋은 친구들이었다.

3 

I ________ eleven years old.
나는 11살이었다.

4 

I ________ in the fourth grade.
나는 4학년이었다.

5 We ________ at the school.
우리는 학교에 있지 않았다.

6 
My friends ________ tall and pretty.
나의 친구들은 키가 크고 예뻤다.

C 알맞은 것에 동그라미 한 다음, 전체 문장을 써보세요.

1 It (was / wasn't) in the dog house. →
그것은 개 집 안에 있지 않았다.

2 We (were / was) ten years old. →
우리는 10살이었다.

3 He (were not / wasn't) at the office. →
그는 사무실에 있지 않았다.

4 I (was / were) in the second grade. →
나는 2학년이었다.

D 우리말을 참고하여 작년의 스티브에 대해 써보세요.

작년의 Steve는…

나는 10살이었다.

나는 3학년이었다.

나는 몸집이 크지 않았다. 나는 좋은 학생이 아니었다.

하지만 나의 친구들은 몸집이 크고 똑똑했다.

그들은 착하기도 했다.

우리들은 좋은 친구들이었다.

UNIT 07

We played a board game.

A 다음 일반동사의 과거형을 써보세요.

1 look

2 try

3 play

4 drop

5 live

6 call

7 want

8 cry

9 stop

10 like

11 visit

12 watch

13 love

14 walk

B 빈칸에 알맞은 동사를 써보세요.

1 

I ______ my friend Cathy.
나는 내 친구 캐시에게 전화를 걸었다.

2 

I ______ her house.
나는 그녀의 집을 방문했다.

3 

I ______ to eat ice cream.
나는 아이스크림을 먹고 싶었다.

4 

We ______ at the ice cream shop.
우리는 아이스크림 가게에 들렀다.

5 

We ______ TV.
우리는 TV를 보지 않았다.

6 

We ______ home.
우리는 집에 가지 않았다.

C 알맞은 것에 동그라미 한 다음, 전체 문장을 써보세요.

1 They (weren't played / didn't play) a board game. 그들은 보드게임을 하지 않았다.

➡

2 It (was walk / walked) to the park. ➡
그것은 공원으로 걸어갔다.

3 He (looks / looked) at the picture. ➡
그는 그 사진을 보았다.

D 우리말을 참고하여 미나가 어제 한 일들에 대해 써보세요.

Mina가 어제 한 일들

어제는 월요일이었다.

나는 나의 친구 제니 집을 방문했다.

우리는 사진들을 보았다.

우리는 보드게임을 했다.

제니는 과자를 먹고 싶어 했다.

제니는 과자들을 좋아했다.

우리는 집에 가지 않았다.

UNIT 08 — He ate delicious food.

A 다음 과거동사를 의문문으로 바꿔 보세요.

1 slept → ________ he ________ ~?
2 cut → ________ they ________ ~?
3 fed → ________ I ________ ~?
4 gave → ________ you ________ ~?
5 went → ________ she ________ ~?
6 saw → ________ it ________ ~?
7 bought → ________ we ________ ~?
8 took → ________ Sam ________ ~?
9 hit → ________ Jenny ________ ~?
10 drank → ________ she ________ ~?
11 ate → ________ you ________ ~?
12 put → ________ he ________ ~?

B 빈칸에 알맞은 동사를 써보세요.

1 

Eric ________ a koala doll.

에릭은 코알라 인형을 샀다.

2 

He ________ the kangaroos.

그는 캥거루들에게 먹이를 주었다.

3 

________ Eric ________ at the hotel?

에릭은 호텔에서 잤나요?

4 

Eric ________ at his uncle's house.

에릭은 자기 삼촌 집에서 잤다.

5 

I ________ a pen to Jane.

나는 펜을 제인에게 주었다.

6 

________ she ________ the cake?

그녀가 케이크를 잘랐나요?

C 알맞은 것에 동그라미 한 다음, 전체 문장을 써보세요.

1 She (takes / took) many pictures. →
그녀는 사진을 많이 찍었다.

2 Did he (went / go) to the library? →
그는 도서관으로 갔니?

3 He (hits / hit) a homerun yesterday. →
그는 어제 홈런을 쳤다.

D 우리말을 참고하여 제프의 지난 여행에 대해 써보세요.

Jeff의 지난 여행

제프는 작년 여름에 브라질(Brazil)에 갔다.

그는 악어들을 많이 봤다. (crocodiles)

그는 악어들에게 먹이를 주었다.

제프가 호텔에서 잤냐고? 아니. 제프는 자기 고모네 집에서 잤다.

그는 맛있는 음식을 먹었다.

그는 사진을 많이 찍었다.

그가 브라질을 아주 좋아했냐고? 응, 그랬다.

그는 브라질을 매우 좋아했다!

Was it fun?

A 주어진 대답을 보고 이에 대한 의문문을 만들어 보세요.

1. Yes, she was. She was happy. →
2. No, I wasn't. I wasn't angry. →
3. Yes, we were. We were scared. →
4. No, he wasn't. He wasn't thirsty. →
5. Yes, you were. You were mad. (단수) →
6. No, it wasn't. It wasn't fun. →
7. No, they weren't. They were not mad. →

B 빈칸에 알맞은 동사를 써보세요.

1.

__________ you tired?
넌 지쳤었니?

2.
No, I __________.
아니. 그렇지 않았어.

3.

__________ you at home yesterday?
넌 어제 집에 있었니?

4.

__________ you there all day?
넌 거기에 하루 종일 있었니?

5.

__________ they angry?
그들은 화가 났었니?

6.

__________ he hungry?
그는 배가 고팠니?

C 알맞은 것에 동그라미 한 다음, 전체 문장을 써보세요.

1 (Was / Were) he at the library? - No, he (wasn't / weren't).
그는 도서관에 있었나요? – 아니요. 그렇지 않았어요.

➡

2 (Did / Were) you thirsty? - Yes, I (did / was). 넌 목이 말랐었니? – 응, 그랬어.

➡

D 우리말을 참고하여 샐리가 마이크와 어제 한 일들에 대해 나누는 대화를 써보세요.

Sally가 어제 한 일들

Mike: ____
넌 어제 공원에 있었니?

Sally: ____
아니, 그렇지 않았어. 나는 쇼핑몰에 갔었어. (went to)

Mike: ____
그것은 재미있었니?

Sally: ____
응, 그랬어. 나는 옷들을 샀어. (buy clothes)

Mike: ____
너는 거기에 하루 종일 있었니?

Sally: ____
아니, 안 그랬어. 나는 가족과 영화를 봤어. (see a movie)

Mike: ____
그것은 좋았니?

Sally: ____
응, 그것은 아주 좋은 영화였어.

Scott was drinking water in the gym.

A 다음 문장을 과거 진행 시제 문장으로 바꿔보세요.

1 They study math. ➡

2 Betty drank soda. ➡

3 She played soccer in the morning. ➡

4 He didn't sleep in the living room. ➡

5 We had dinner in the restaurant. ➡

6 I didn't brush my hair. ➡

B 빈칸에 알맞은 단어를 써보세요.

1 
Jimmy ______ ______ a book in the library.
지미는 도서관에서 책을 읽고 있었다.

2 
Sally and I ______ ______ lunch in the cafeteria.
샐리와 나는 구내식당에서 점심을 먹고 있었다.

3 
I ______ ______ ______ my teeth.
나는 이를 닦고 있지 않았다.

4 
They ______ ______ ______ to music.
그들은 음악을 듣고 있시 않았다.

5 
______ she ______ in the living room?
그 애는 거실에 자고 있었니?

6 
______ you ______ soccer in the morning?
넌 아침에 축구를 하고 있었니?

C 알맞은 것에 동그라미 한 다음, 전체 문장을 써보세요.

1 (Was / Were) they (played / playing) the violin? 그들은 바이올린을 연주하고 있었나요?
  ➡

2 I (was watching / am watching) TV. 나는 TV를 보고 있었다.
  ➡

D 우리말을 참고하여 밥의 일기를 써보세요.

Bob의 일기

날짜: 2015, 7월 3일

일기장에게,

오후에 소나기가 왔어.

내가 구내식당에서 점심식사를 하고 있었냐고?

아니, 그렇지 않았어. 난 점심식사를 하고 있지 않았어.

스캇과 나는 체육관에서 농구를 하고 있었어.

토니는 교실 안에서 공부를 하고 있었어.

지미는 구내식당에서 간식을 먹고 있었어.

우리는 젖지 않았어!

UNIT 11 · I cannot go outside.

A 다음 문장을 부정문 또는 의문문으로 바꿔보세요.

1 He can watch TV. ➡ (의문문)

2 I can run. ➡ (부정문)

3 You can swim. ➡ (의문문)

4 They can play the piano. ➡ (부정문)

5 She can drink cold water. ➡ (의문문)

6 We can play tennis. ➡ (부정문)

B 빈칸에 알맞은 단어를 써보세요.

1 I ________ ________ a book.
나는 책을 읽을 수 있다.
나는 책을 읽어도 된다.

2 I ________ ________ ball.
나는 공놀이를 하면 안 된다.

3 He ________ ________ outside.
그는 밖에 나갈 수 없다.

4  I ________ ________ warm water.
나는 따뜻한 물을 마셔도 된다.

5 ________ she ________ to my house?
그 애 우리 집에 와도 돼요?

6 ________ you ________ the guitar?
넌 기타를 칠 수 있니?

C 알맞은 것에 동그라미 한 다음, 전체 문장을 써보세요.

1 She (can / can't) (played / play) the guitar. 그녀는 기타를 칠 수 없다.

➡

2 (Can / Can't) you (ride / rode) a bike? 너 자전거 탈 수 있니?

➡

D 우리말을 참고하여 티나가 할 수 있는 것과 할 수 없는 것에 대해 써보세요.

Tina가 할 수 있는 것과 할 수 없는 것

나는 아프다. 나는 배가 아프다.

의사선생님이 나는 차가운 물을 마시면 안 된다고 말씀하셨다.

나는 고기를 먹으면 안 된다.

나는 침대에 누워 있을 수 있다.

나는 밖에서 놀아도 되냐고? 아니, 안 된다.

엄마가 TV를 봐도 된다고 하셨다.

나는 아이스크림을 먹고 싶다.

나는 밖에 나가 놀고 싶다.

UNIT 12 — I have to make my bed.

A 다음 문장을 조동사 have to의 부정문으로 바꿔보세요.

1 She has to wash the dishes. ➡

2 They have to make their bed. ➡

3 You have to feed the dog. ➡

4 He has to do his homework. ➡

5 I have to go to school. ➡

B 빈칸에 알맞은 단어를 써보세요.

1 I ☐ ☐ ☐ my desk.
나는 내 책상을 청소해야 한다.

2 I ☐ ☐ ☐ ☐ the dishes.
나는 설거지를 하지 않아도 된다.

3 You ☐ ☐ ☐ your bed.
너는 침대를 정리해야 한다.

4 You ☐ ☐ ☐ ☐ the house.
너는 진공청소기로 집을 청소하지 않아도 된다.

5 We ☐ ☐ ☐ the cat.
우리는 고양이 밥을 먹여야 한다.

6 We ☐ ☐ ☐ ☐ the laundry.
우리는 빨래를 하지 않아도 된다.

C 알맞은 것에 동그라미 한 다음, 전체 문장을 써보세요.

1 She (don't have to / doesn't have to) wipe the floor. 그녀는 바닥을 닦지 않아도 된다.
➡

2 He (have to / has to) (get / gets) up at seven o'clock. 그는 7시에 일어나야 한다.
➡

D 우리말을 참고하여 해야 할 일과 하지 않아도 되는 일에 대해 써보세요.

해야할 일과 하지 않아도 되는 일

나는 집에서 해야 할 일들이 있다.

나는 집을 진공청소기로 청소해야 한다.

나는 개에게 밥을 줘야 한다.

그리고 나는 매일 영어 공부를 해야 한다.

나는 집에서 하지 않아도 되는 일들이 있다.

나는 바닥을 닦지 않아도 된다.

나는 빨래를 하지 않아도 된다.

나는 음식을 요리하지 않아도 된다.

Answers WORK BOOK

UNIT 01
pp.2~3

A
1 You don't walk to school.
2 She lives here.
3 Do I know him?
4 He doesn't wear pants.
5 They have books.
6 Does he watch TV?
7 Does she wake up at nine?

B
1 don't take
2 washes
3 doesn't brush
4 go
5 Does / go
6 Do / get

C
1 She doesn't get up at seven.
2 Do they go to bed at eleven?
3 He takes a walk every morning.

D
I get up at eight.
I don't wash my hair.
My sister brushes her hair.
We go to school at nine.
I watch TV.
We eat dinner at six thirty.

UNIT 02
pp.4~5

A
1 ⓐ, ⓕ, ⓗ
2 ⓑ, ⓓ, ⓔ
3 ⓐ, ⓕ, ⓗ
4 ⓑ, ⓓ, ⓔ
5 ⓑ, ⓓ, ⓔ
6 ⓐ, ⓕ, ⓗ
7 ⓒ, ⓖ

B
1 playing
2 walking / running
3 throwing
4 catching
5 flying
6 riding

C
1 I am making a doll.
2 A girl is sitting on a sofa.
3 We are having fun.

D
People are having fun in the park.
Girls are riding bikes.
A woman is listening to music.
A boy is flying a kite.
Men are playing soccer.
I am running in the park.
My family is eating snacks.

 **UNIT 03**

pp.6~7

A

1 We are not feeding dogs.
2 Is he singing a song?
3 Are they baking cookies?
4 She is not wiping the floor.
5 Are you helping Jim?
6 I am not doing my homework.

B

1 not watching
2 isn't washing
3 Are / doing
4 not doing
5 Is / cleaning
6 not cleaning

C

1 We are not washing the car.
2 Is she watching a movie?

D

Mom Hello. Are you Mike?
Tom No, I am not. I'm Tom.
Mom Is your sister doing her homework?
Tom No, she isn't. She is watching TV.
Mom Are you cleaning your room, Tom?
Tom No. I'm feeding the dog.
Mom Thank you, Tom. Is Mike mopping the floor?
Tom No, he isn't. He isn't mopping the floor.
Mom I am coming home right now!

 **UNIT 04**

pp.8~9

A

1 It is twelve fifteen. 시간
2 It is 123 meters. 거리
3 It is cold. 날씨
4 It is Tuesday. 요일
5 It is winter. 계절
6 It is August 15. 날짜
7 It is 20 kilograms. 무게

B

1 Sunday
2 spring
3 warm
4 200 meters
5 April 12
6 It's

C

1 It is 45 centimeters.
2 It is May 17.
3 It is twelve forty-five.

D

It's July 20. It is summer.
I wake up in the morning. It is nine o'clock.
I open the window. It's hot.
It's Saturday. So I don't go to school.
My family goes to the park.
It is 150 meters from our house.
It is a nice day.

 **UNIT 05**

 **A**

1 cups
2 bowl / milk
3 dishes
4 forks
5 cup / salt
6 spoon / sugar

B

1 is a bowl 2 is cereal
3 are forks 4 is / milk
5 are no cups (또는 aren't any cups)
6 Are / any spoons

 **C**

1 There is a fork in the sink.
2 There aren't any knives in the drawer.
  (또는 There are no knives in the drawer.)
3 Is there any salt on the table?

 **D**

This is our kitchen.
There are bowls and dishes in the cupboard.
There are chopsticks and spoons in the drawer.
There is some butter in the refrigerator.
There isn't any jam in the refrigerator.
It's time for breakfast!

 **UNIT 06**

 **A**

1 weren't 2 wasn't
3 weren't 4 wasn't
5 wasn't   6 weren't
7 wasn't

 **B**

1 wasn't 2 were
3 was   4 was
5 weren't 6 were

 **C**

1 It wasn't in the dog house.
2 We were ten years old.
3 He wasn't at the office.
4 I was in the second grade.

 **D**

I was ten years old.
I was in the third grade.
I wasn't big. I wasn't a good student.
But my friends were big and smart.
They were nice, too.
We were good friends.

 **UNIT 07**

pp.14~15

 **A**

1	looked	2	tried
3	played	4	dropped
5	lived	6	called
7	wanted	8	cried
9	stopped	10	liked
11	visited	12	watched
13	loved	14	walked

B

1	called	2	visited
3	wanted	4	stopped
5	didn't watch	6	didn't go

 **C**

1 They didn't play a board game.
2 It walked to the park.
3 He looked at the picture.

 **D**

It was Monday yesterday.
I visited my friend Jenny.
We looked at the pictures.
We played a board game.
Jenny wanted to eat cookies.
Jenny liked cookies.
We didn't go home.

 **UNIT 08**

pp.16~17

 **A**

1	Did / sleep	2	Did / cut
3	Did / feed	4	Did / give
5	Did / go	6	Did / see
7	Did / buy	8	Did / take
9	Did / hit	10	Did / drink
11	Did / eat	12	Did / put

B

1	bought	2	fed
3	Did / sleep	4	slept
5	gave	6	Did / cut

 **C**

1 She took many pictures.
2 Did he go to the library?
3 He hit a homerun yesterday.

 **D**

Jeff went to Brazil last summer.
He saw many crocodiles.
He fed the crocodiles.
Did Jeff sleep at a hotel?
No. Jeff slept at his aunt's house.
He ate delicious food.
He took many pictures.
Did he love Brazil? Yes, he did.
He loved Brazil very much!

 **UNIT 09**

 A

1 Was she happy?
2 Were you angry?
3 Were you scared?
4 Was he thirsty?
5 Was I mad?
6 Was it fun?
7 Were they mad?

B

1 Were
2 wasn't
3 Were
4 Were
5 Were
6 Was

 C

1 Was he at the library? - No, he wasn't.
2 Were you thirsty? - Yes, I was.

 D

Mike Were you at the park yesterday?
Sally No, I wasn't. I went to the shopping mall.
Mike Was it fun?
Sally Yes, it was. I bought clothes.
Mike Were you there all day?
Sally No, I wasn't. I saw a movie with my family.
Mike Was it good?
Sally Yes, it was a very good movie.

 **UNIT 10**

 A

1 They were studying math.
2 Betty was drinking soda.
3 She was playing soccer in the morning.
4 He wasn't sleeping in the living room.
5 We were having dinner in the restaurant.
6 I wasn't brushing my hair.

B

1 was reading
2 were having
3 was not brushing
4 were not listening
5 Was / sleeping
6 Were / playing

 C

1 Were they playing the violin?
2 I was watching TV.

 D

Date: July 3, 2015

Dear Diary,
There was a shower in the afternoon.
Was I having lunch in the cafeteria?
No, I wasn't. I wasn't having lunch.
Scott and I were playing basketball in the gym.
Tony was studying in the classroom.
Jimmy was eating a snack in the cafeteria.
We were not wet!

UNIT 11

pp.22~23

A

1 Can he watch TV?
2 I can't run.
3 Can you swim?
4 They can't play the piano.
5 Can she drink cold water?
6 We can't play tennis.

B

1 can read   2 can't play
3 can't go   4 can drink
5 Can / come   6 Can / play

C

1 She can't play the guitar.
2 Can you ride a bike?

D

I am sick. I have a stomachache.
The doctor said I can't drink cold water.
I cannot eat meat.
I can lie in bed.
Can I play outside? No, I can't.
Mother said I can watch TV.
I want to eat ice cream.
I want to play outside.

Plus Tip! 이번 유닛에 나온 can't은 모두 cannot으로 바꿔 써도 되는 거, 알고 있죠?

UNIT 12

pp.24~25

A

1 She doesn't have to wash the dishes.
2 They don't have to make their bed.
3 You don't have to feed the dog.
4 He doesn't have to do his homework.
5 I don't have to go to school.

B

1 have to clean   2 don't have to wash
3 have to make   4 don't have to vacuum
5 have to feed   6 don't have to do

C

1 She doesn't have to wipe the floor.
2 He has to get up at seven o'clock.

D

There are some things I have to do at home.
I have to vacuum the house.
I have to feed the dog.
And I have to study English every day.
There are some things I don't have to do at home.
I don't have to wipe the floor.
I don't have to do the laundry.
I don't have to cook food.

Plus Tip! don't = do not   doesn't = does not

Answers 본책

UNIT 01

pp.10~14

C

1 goes 2 Does 3 don't wash 4 study

D

1 They don't take a shower.
 Do they take a shower?
2 He doesn't eat breakfast.
 Does he eat breakfast?

E

Translation

나는 아침 7시 30분에 일어난다.
나의 남동생과 여동생은 8시에 일어난다.
나는 샤워를 하지 않는다.
그들은 샤워를 하냐고? 응, 그렇다.
나의 여동생은 머리를 빗는다.
나의 남동생은 옷을 입는다.
우리들은 9시에 등교를 한다.
우리 반은 12시 40분에 점심을 먹는다.
우리는 3시에 집에 온다.
나의 남동생은 수학 공부를 한다. 나는 TV를 본다.
우리는 7시에 저녁을 먹는다.
우리는 10시 30분에 잠자리에 든다.

I get up at seven thirty in the morning.
My brother and my sister wake up at eight.
I don't take a shower.
Do they take a shower? Yes, they do.
My sister brushes her hair.
My brother gets dressed.
We go to school at nine.
Our class eats lunch at twelve forty.

We come home at three.
My brother studies math. I watch TV.
We eat dinner at seven.
We go to bed at ten thirty.

Plus Tip! 우리는 '형, 오빠, 남동생' 이런 식으로 모두 구분해서 쓰지만 영어에서는 형이든 오빠든 남동생이든 모두 brother입니다. '언니, 누나, 여동생'도 모두 sister 한 단어로 해결하지요.

F

1 I don't take a shower.
2 My brother gets up at 8.
3 My sister brushes her hair.

G

My brother and I get up at six thirty in the morning.
My mother gets up at six.
I wash my face and hair.
Does my brother wash his hair?
No, he doesn't.
He brushes his teeth.
We go to school at eight.
I come home at two thirty.
My brother doesn't watch TV.
I study English.
We eat dinner at seven.
I don't go to bed at nine.
We go to bed at eleven.

H

I get up at eight in the morning.
My sister gets up at seven thirty.
I wash my face.
Does my sister wash her face? Yes, she does.
She brushes her hair.
We go to school at eight forty.
We come home at three thirty.

My sister doesn't play basketball.
She watches TV.
I study math.
We eat dinner at six thirty.
We go to bed at ten.

 **UNIT 02**

pp.18~22

C

1 listening　　2 is
3 making　　4 running

D

1 A woman is sitting on a chair.
2 they are cooking dinner.
3 I am having fun at school.
4 He is riding a bike.

E

Translation

사람들이 공원에서 즐거운 시간을 보내고 있다.
한 남자아이가 연을 날리고 있다.
한 여자아이가 자전거를 타고 있다.
한 여자는 벤치에 앉아 있다.
남자들은 야구경기를 하고 있다.
나는 공을 던지고 있고 제프는 공을 받고 있다.
우리 가족은 샌드위치를 먹고 있다.
많은 사람들이 공원에서 걷고 뛰고 있다.

People are having fun in the park.
A boy is flying a kite.
A girl is riding a bike.
A woman is sitting on a bench.
Men are playing baseball.
I am throwing a ball and Jeff is catching the ball.
My family is eating sandwiches.
Many people are walking and running in the park.

Plus Tip! 우리말은 보통 '우리 가족'이라는 식으로 쓰지만, 영어는 보통 My family라는 식으로 씁니다. 하지만 우리말에서 '나의 가족'이란 표

현도 틀린 말이 아닌 것처럼 영어에서 Our family란 표현도 틀린 말은 아니예요.

F

1 Men are playing baseball.
2 People are having fun in the park.
3 A boy is flying a kite.

G

People [are] [having] fun in the park.
Boys [are] [playing] soccer.
A girl [is] [listening] to music.
A man [is] [running].
Women [are] [talking].
I [am] [eating] snacks.
My brother [is] [catching] a ball.
Many kids [are] [riding] their bikes.

H

People are having fun in the park.
I am flying a kite.
My sister is reading books.
My dog is running.
My parents are walking.
Men are playing basketball.
A boy is eating ice cream.
Many kids are riding their bikes.

 **UNIT 03**

pp.26~30

C

1 am reading　　2 Is / wiping
3 are not talking　　4 Are / eating

D

1 She is not[isn't] doing her homework.
　Is she doing her homework?
2 You are not[aren't] cleaning your room.
　Are you cleaning your room?

Translation

A 여보세요. 데이빗이니?

B 아뇨, 아닌데요. 전 샘이에요.

A 비키가 자기 방을 청소하고 있니?

B 아뇨, 그렇지 않아요. 그녀는 자기 방을 청소하고 있지 않아요. 영화를 보고 있어요.

A 너는 숙제하고 있니, 샘?

B 아뇨, 그렇지 않아요. 전 숙제를 하고 있지 않아요. 대걸레로 바닥을 닦고 있는 중이에요.

A 고맙구나, 샘. 데이빗이 널 도와주고 있니?

B 아뇨. 그는 절 도와주고 있지 않아요. 그는 설거지도 안 하고 있어요. 데이빗과 그의 친구들은 컴퓨터 게임을 하고 있어요.

A 내가 지금 바로 집에 가마!

A Hello. Are you David?

B No, I am not. I'm Sam.

A Is Vicky cleaning her room?

B No, she isn't. She is not cleaning her room. She is watching a movie.

A Are you doing your homework, Sam?

B No, I'm not. I'm not doing my homework. I am mopping the floor.

A Thank you, Sam. Is David helping you?

B No. He is not helping me. He isn't washing the dishes. David and his friends are playing a computer game.

W I am coming home right now!

Words mop the floor 대걸레로 바닥을 닦다 (현재 진행 시제로 바뀔 땐 mopping이 됨)
right now 지금 당장

Plus Tip! I am coming home은 현재 진행 시제이지만 미래를 나타냅니다.

1 He isn't washing the dishes.

2 Is David helping you?

3 I am mopping the floor.

A Hello. Are you Linda?

B Yes, I am. I am Linda.

A Is Nick doing his homework?

B No, he isn't. He is not doing his homework. He is listening to music.

A Are you doing the laundry, Linda?

B No, I'm not. I'm not doing the laundry. I'm cleaning my room.

A That's nice. Is Scott eating lunch?

B No. He is not eating lunch. He isn't wiping the floor. Scott and his friends are playing baseball.

A I am coming home right now!

Dad Hello. Are you Jimmy?

Fred No, I'm not. I'm Fred.

Dad Is Jenny watching TV?

Fred No, she isn't. She is doing her homework.

Dad Are you playing a computer game?

Fred No. I'm studying English.

Dad That's nice. Is your mom cooking dinner?

Fred No, she is not. She is talking on the phone.

Dad Okay. I'm coming home right now.

Unit 01~03
REVIEW TEST   pp.32~35

 Summer Camp

1 I am having fun at the summer camp.

My roommate, Jack and 2 I wake up at eight in the morning.

We wash our face and brush our teeth.

3 We get dressed.

4 Do you eat breakfast? Yes, we do.

We eat cereal.

We go to the playground.

Kids are playing soccer and playing baseball.

5 I am playing soccer. I like soccer.

6 Is Jack playing soccer? No, he isn't.

7 He isn't playing soccer.

He is playing baseball.

We are having a great time at the camp.

잭이 여름 캠프에서 하는 것 wake up at eight in the morning, wash his face, brush his teeth, get dressed, eat breakfast, eat cereal, go to the playground, play baseball, have a great time

Words have fun 재미있게 놀다 summer camp 여름 캠프 roommate 방을 같이 쓰는 사람 wake up 잠에서 깨다 wash one's face 세수하다 brush one's teeth 이를 닦다 get dressed 옷을 입다 eat breakfast 아침밥을 먹다 cereal 시리얼 playground 운동장 play soccer 축구를 하다 baseball 야구 have a great time 좋은 시간을 보내다

Translation

나는 여름 캠프에서 재미있게 놀고 있다.
내 룸메이트 잭과 나는 아침 8시에 잠에서 깬다.
우리는 세수를 하고 이를 닦는다.
우리는 옷을 입는다.
너희들은 아침밥을 먹니? 그래, 우리는 먹어.
우리는 시리얼을 먹는다.
우리는 운동장으로 간다.
아이들은 축구와 야구를 하고 있다.
나는 축구를 하고 있다. 나는 축구를 좋아한다.
잭은 축구를 하고 있니? 아니, 그는 안 하고 있다.
그는 축구를 하고 있지 않다.
그는 야구를 하고 있다.
우리는 캠프에서 좋은 시간을 보내고 있다.

B Bingo

wash my hair	일어나다	at eight	7시 30분에
in the morning	잠자리에 들다	설거지를 하고 있다	gets dressed
도와주고 있다	making an airplane	eating a snack	영화를 보고 있다
running	저녁식사	빗자루로 쓸고 있다	throwing the ball

1 making an airplane 2 저녁식사
3 영화를 보고 있다 4 wash my hair
5 도와주고 있다 6 throwing the ball
7 잠자리에 들다 8 7시 30분에
9 gets dressed 10 eating a snack

C Correct

1 We are walking in the park.
2 Are they cleaning their room?
3 Is she watching TV?
4 My father doesn't get up at seven.

Words walk 걷다, 산책하다 park 공원 clean 청소하다 room 방 watch TV 텔레비전을 시청하다 get up 잠자리에서 일어나다

D Question & Answer

1
Q Are they cleaning the windows?
A No, they're not.

Translation
Q 그들은 창문을 청소하고 있니?
A 아니, 청소하고 있지 않아.

2
Q Are they cleaning the floor?
A Yes, they are.

Translation
Q 그들은 바닥을 청소하고 있니?
A 그래, 청소하고 있어.

3
Q Does she get up at eight forty?
A Yes, she does.

Translation
Q 그녀는 8시 40분에 일어나니?
A 응, 그래.

4
Q Is he taking a shower?
A No. He is washing his face.

Translation
Q 그는 샤워를 하고 있니?
A 아니. 그는 얼굴을 닦고 있어.

E Changing Sentences

1 He doesn't study math.

2 We don't go to bed at ten.
3 Jenny isn't throwing a ball.
4 Do they come home at two?
5 Is she cooking ramen?
6 I am not sitting on a bench.
7 Does she get up early in the morning?

 **Making Sentences**
1 Is she coming home?
2 People aren't running in the park.
3 Is he doing his homework?

UNIT 04

pp.38~42

C
1 It is <u>twelve forty-five</u>.
2 It is <u>sunny</u>.
3 It is <u>forty-five centimeters</u>.
4 It is <u>May 17</u>.

D
1 It's Sunday.
2 It's August 29.
3 It's cold.

E
Translation
4월 12일이다. 봄이다.
나는 아침에 잠에서 깬다.
8시 30분이다.
나는 창문을 연다. 날씨가 따뜻하다.
일요일이다. 그래서 나는 학교에 가지 않는다.
나는 세수를 한다.
나는 아침을 먹는다.
우리 가족은 교회에 간다.
우리 집에서 200미터 거리에 있다.
좋은 날이다.

It's April 12. It is spring.
I wake up in the morning.
It is eight thirty.
I open the window. It's warm.
It's Sunday. So I don't go to school.
I wash my face.
I eat breakfast.
My family goes to church.
It is 200 meters from our house.
It's a nice day.

F
1 It is eight thirty
2 It is warm.
3 It is Sunday.

G
It's December 24. It is winter.
I get up in the morning.
It is nine o'clock. I open the window.
It's snowing. It's Wednesday.
I take a shower. I wear a coat.
I go to my friend's house.
It is 50 meters from our house.
It's a nice day.

H
It's October 19.
It is fall.
I get up in the morning.
It is two thirty.
I open the window.
It's windy.
I go to the park.
It is 100 meters from our house.
It's a nice day.

UNIT 05

pp.46~50

C

1 <u>There are</u> no knives in the drawer.
2 <u>Is there</u> any salt on the table?
3 <u>There is</u> a fork in the sink.
4 <u>There are</u> cups in the cupboard.

D

1 There are no bowls on the table. / There aren't any bowls on the table.
  Are there any bowls on the table?
2 There is no butter in the cupboard. / There isn't any butter in the cupboard.
  Is there any butter in the cupboard?

E

Translation

이것은 우리 부엌이다.
찬장 안에는 컵과 접시가 있다.
서랍 안에는 젓가락이 하나도 없다.
서랍 안에는 포크와 숟가락이 있다.
냉장고 안에는 우유가 조금 있다.
냉장고 안에 주스는 없다.
식탁 위에는 시리얼이 있다.
식탁 위에는 그릇이 있다.
그릇에 우유와 시리얼을 부어라.
아침식사를 할 시간이다!

This is our kitchen.
There are cups and plates in the cupboard.
There aren't any chopsticks in the drawer.
There are forks and spoons in the drawer.
There is some milk in the refrigerator.
There is no juice in the refrigerator.
There is cereal on the table.
There is a bowl on the table.
Pour some milk and cereal in the bowl.
It's time for breakfast!

F

1 There are cups in the cupboard.
2 There is a bowl on the table.
3 There aren't any chopsticks in the drawer.

G

This is our kitchen.
There is a plate in the sink.
There are bowls in the cupboard.
There are no knives in the drawer.
There are chopsticks in the drawer.
There is ham in the refrigerator.
There isn't any cheese in the refrigerator.
There are buns on the table.
There is ketchup on the table.
Put some ham and ketchup on the bun.
It's time for lunch!

H

This is our kitchen.
There are spoons in the drawer.
There is a pot in the sink.
There aren't any bowls in the sink.
There is pizza in the refrigerator.
There isn't any kimchi in the refrigerator.
There are some pickles on the table.
There are dishes on the table.
There are forks on the table.
Take some pizza and some pickles.
It's time for lunch!

UNIT 06

pp.54~58

 **C**

1 was   2 were   3 wasn't   4 was

 **D**

1 We were good friends.
  We were not[weren't] good friends.
2 It was in the dog house.
  It was not[wasn't] in the dog house.

 **E**

Translation

작년을 생각해보자.
나는 11살이었다.
나는 4학년이었다.
나는 키가 크지 않았다.
나는 착한 학생이 아니었다.
하지만 나의 친구들은 키가 크고 예뻤다.
그들은 똑똑하기도 했다.
우린 좋은 친구였다.
이제 나는 12살이다.
나는 키가 크다. 나는 착한 학생이다.

Let's think about last year.
I was eleven years old.
I was in the fourth grade.
I wasn't tall.
I wasn't a good student.
But my friends were tall and pretty.
They were smart, too.
We were good friends.
Now I am twelve years old.
I am tall. I am a good student.

Plus Tip! 우리말로는 '우린 좋은 친구였다.'가 자연스럽지만, 영어에서는
반드시 friend에 –s를 붙여 복수형으로 써야 해요.

 **F**

1 I wasn't a good student.
2 My friends were tall and pretty.

3 I was in the fourth grade.

 **G**

Let's think about last year.
I was nine years old.
I was in the second grade.
I wasn't handsome.
I wasn't a smart student.
But my friends were handsome and smart
students. They were tall, too.
We were good friends.
Now I am ten years old.
I am handsome.
I am a smart student.

 **H**

Let's think about last year.
I was eight years old.
I was in the first grade.
I wasn't tall.
I wasn't a smart student.
But my friends were tall and smart students.
They were pretty, too.
We were good friends.
Now I am nine years old.
I am tall.
I am a smart student.

pp.60~63

 **About Myself**

1 It's January 1.
It's New Year's Day.
2 I was nine last year.
But now I am ten years old.
3 I wasn't tall. I wasn't big.
But now I am tall and big.
This is my bedroom.
4 There are small windows in my room.
5 It's snowing!

There isn't a snowman outside the house.

6 <u>There are kids outside.</u>

I wear a coat and mittens.

지난해 지연이 모습 She was nine last year. /
She wasn't tall. / She wasn't big.

Words New Year's Day 설날 tall 키가 큰 big 몸집이 큰 bedroom 침실 snow 눈이 내리다 snowman 눈사람 outside ~의 밖에 kid 아이 wear 입다 coat 외투 mitten 벙어리장갑

Translation

오늘은 1월 1일이다.

오늘은 설날이다.

나는 작년에 9살이었다.

하지만 지금은 10살이다.

나는 키가 크지 않았다. 몸집도 크지 않았다.

하지만 지금은 키도 크고 몸집도 크다.

여기는 내 침실이다.

내 방에는 작은 창문들이 있다.

눈이 오고 있다!

집밖에는 눈사람이 없다.

밖에 아이들이 있다.

나는 외투를 입고, 벙어리 장갑을 낀다.

B Unscramble the Words

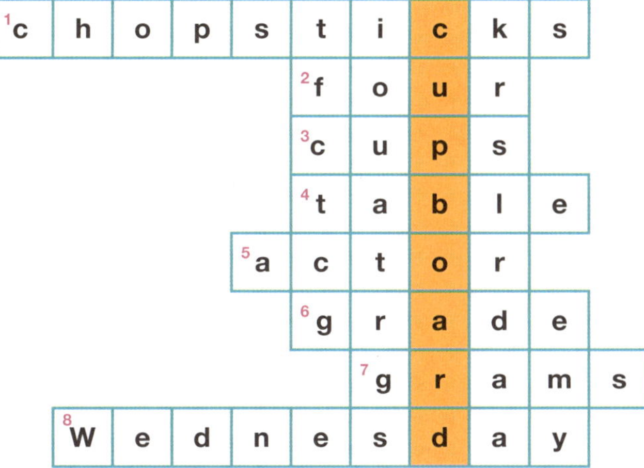

¹c	h	o	p	s	t	i	**c**	k	s

노란 칸의 단어 cupboard 찬장

C Match

1 Is there ——— bowls in the cupboard.
2 She ——— was a dancer.
3 There is ——— salt on the table.
4 There aren't any ——— water in the refrigerator?

Translation

1 냉장고 안에 물이 있니?

2 그 여자는 춤추는 사람이었다.

3 식탁 위에 소금이 있다.

4 찬장 안에 주발이 없다.

D Picture Description

1 It was eleven thirty.
   She <u>was</u> at school.
   She <u>wasn't</u> at the park.

Words park 공원

Translation

11시 30분이었다.

그녀는 학교에 있었다.

그녀는 공원에 없었다.

2 There <u>are</u> forks and knives.
   There <u>aren't</u> any napkins in the drawer.
   There <u>is</u> a cup in the sink.

Words knives knife(칼)의 복수형 napkin 냅킨 plate 접시

Translation

포크들과 칼들이 있다.

서랍에는 냅킨이 없다.

싱크대에는 컵이 있다.

E Changing Sentences

1 There are no bowls. / There aren't any bowls.
2 Is there water?
3 I was twelve years old.
4 We weren't in the third grade.
5 There is no butter on the table. / There isn't any butter on the table.
6 Are there chopsticks?
7 You weren't pretty.

F Making Sentences

1 They weren't[were not] ten years old.
2 There is a plate in the drawer.
3 It's forty-two kilograms.

pp.66~70

1 called　**2** didn't play　**3** visited　**4** stopped

1 I loved my family.
　I didn't[did not] love my family.
2 She looked at the picture.
　She didn't[did not] look at the picture.

Translation

어제는 일요일이었다.
나는 내 친구 캐시에게 전화를 했다.
그녀의 집에 놀러 갔다.
우리는 TV를 보지 않았다.
우리는 보드게임을 했다.
나는 아이스크림이 먹고 싶었다.
우리는 아이스크림 가게에 들렀다.
캐시는 아이스크림을 좋아했다. 나도 좋아했다.
우리는 집에 가지 않았다.
우리는 공원으로 걸어갔다.
날씨가 정말 맘에 들었다. 아주 좋았다.

It was Sunday yesterday.
I called my friend Cathy.
I visited her house.
We didn't watch TV.
We played a board game.
I wanted to eat ice cream.
We stopped at the ice cream shop.
Cathy liked ice cream. I liked it, too.
We didn't go home.
We walked to the park.
I loved the weather. It was very nice.

1 We stopped at the shop.

2 We didn't go home.
3 I wanted to eat ice cream.

It was Wednesday yesterday.
I called my friend Joe.
I visited his house.
We didn't play a computer game.
We studied math.
I wanted to eat a hamburger.
We stopped at the restaurant.
Joe loved the hamburger. I liked it, too.
We didn't go home.
We walked to the playground.
We played basketball.
It was a lot of fun.

It was Monday yesterday.
I called my friend Linda.
We wanted to eat spaghetti.
We stopped at the restaurant.
We didn't go home.
We walked to the park.
We played baseball.
It was a lot of fun.

pp.74~78

1 saw　**2** hit　**3** give　**4** buy

1 You took many pictures.
　Did you take many pictures?
2 He went to the library.
　Did he go to the library?

 **E**

Translation

에릭은 지난 여름에 호주에 갔다.
그는 그곳에서 10일간 머물렀다.
그는 많은 캥거루들을 보았다.
캥거루들에게 먹이도 주었다.
에릭은 호텔에서 잤냐고?
아니. 에릭은 그의 삼촌 집에서 잤다.
그는 맛있는 음식을 먹었다.
그는 사진을 많이 찍었다.
그는 코알라 인형을 하나 샀다.
에릭은 그의 삼촌에게 고마워했다.
그가 호주를 아주 좋아했냐고? 응, 그랬다.
그는 호주를 매우 많이 좋아했다!

Eric went to Australia last summer.
He stayed there ten days.
He saw many kangaroos.
He fed the kangaroos.
Did Eric sleep at a hotel?
No. Eric slept at his uncle's house.
He ate delicious food.
He took many pictures.
He bought a koala doll.
Eric thanked his uncle.
Did he love Australia?
Yes, he did.
He loved Australia very much!

F

1 He ate delicious food.
2 She saw many kangaroos.
3 Did Eric sleep at a hotel?

G

Heejin went to India last spring.
She stayed there five days.
She saw many monkeys.
She fed the monkeys.
Heejin slept at her aunt's house.
She drank great tea.

She took many pictures.
She bought an elephant doll.
Heejin thanked her aunt.
She loved India.

H

I went to China last winter.
I stayed there four days.
I slept at the hotel.
I saw many temples.
I took many pictures.
I ate delicious food.
I drank soda.
I bought a panda doll.
I loved China.

UNIT 09

pp.82~86

C

1 Was
2 wasn't
3 Were
4 Was

D

1 Were they at the bookstore?
   Yes, they were.
2 Was she angry?
   No, she wasn't.

E

Translation

A 어제 집에 있었니?
B 아니, 그렇지 않았어.
  놀이공원에 갔었어.
A 재미있었니?
B 응, 그랬어. 놀이기구들을 많이 탔어.
A 하루 종일 거기 있었니?
B 아니, 그렇지 않았어. 2시에 집에 왔어.
  난 가족들이랑 수영을 했어.

A 피곤했지?

B 응. 그랬어. 무척 피곤했어. 8시에 잤어.

B <u>Were you at home yesterday?</u>

G No, I wasn't.

  I went to the amusement park.

B <u>Was it fun?</u>

G Yes, It was. I rode many rides.

B <u>Were you there all day?</u>

G No, I wasn't. I came home at two.

  I swam with my family.

B <u>Were you tired?</u>

G Yes, I was. I was so tired. I slept at eight.

Words amusement park 놀이동산 rode 탔다(동사 ride의 과거형) ride(s) 탈 것(들), 여기서는 '놀이기구'를 의미 came 왔다(동사 come의 과거형) swam 수영했다(동사 swim의 과거형) slept 잤다(동사 sleep의 과거형)

1 Were you tired?

2 Yes, it was.

3 Were you there all day?

G

A [Were] you at home yesterday?

B No, I [wasn't].

  I [went] to the water park.

A [Was] it fun?

B [Yes], it [was].

A [Were] you there with your family?

B Yes, I [was]. We slid down the slide.

A [Were] you scared?

B [No], I [wasn't].

  I [was] happy.

H

A Were you at home yesterday?

B No, I wasn't.

  I went to the art museum.

A Was it fun?

B Yes, it was. I saw many pictures.

A Were you there with your parents?

B Yes, I was. My dad bought a picture.

A Was the picture nice?

B Yes, it was. We liked the picture.

Plus Tip! 어제의 일은 모두 과거 시제로 써야 해요.

 **Unit 07~09 REVIEW TEST**   pp.88~91

A A Bad Day

Dad   Did you have a good day?

Wujin No, I didn't. I had a bad day.

      I missed the school bus.

      I rode a bike to school.

      I met Kelly on the way to school.

      1 <u>We walked and talked.</u>

      A big truck stopped in front of us.

      The truck put some mud on the ground.

      2 <u>We had mud on us.</u>

Dad   3 <u>Were you angry?</u>

Wujin Yes, we were. We were very angry.

      4 <u>Kelly cried and I called Mom.</u>

      I went home.

      5 <u>I took a shower.</u> And I changed my

      clothes.

      6 <u>It wasn't a good day.</u>

우진이가 겪은 안 좋은 일들
missed the school bus, had mud on him and Kelly

Words miss 놓치다 rode ride(타다)의 과거형 bike 자전거 met meet(만나다)의 과거형 on the way to ~로 가는 길에 mud 진흙 ground 땅 change 옷을 갈아입다

Translation

아빠 너는 오늘 잘 보냈니?

우진 아뇨, 그렇지 않았어요. 운이 나쁜 날이었어요.

     저는 학교 버스를 놓쳤어요.

     저는 자전거를 타고 학교로 갔어요.

     학교로 가는 도중에 켈리를 만났어요.

     우리는 걸으며 얘기했죠.

     큰 트럭이 우리 앞에서 멈췄어요.

     그 트럭은 땅에다 진흙을 부었어요.

     우리는 진흙을 뒤집어썼어요.

아빠 너희들은 화가 났니?

우진 네, 그랬어요. 우리는 아주 화가 났어요.

켈리는 울고 저는 엄마를 불렀어요.

저는 집으로 갔어요.

샤워를 했어요. 그리고 옷을 갈아입었어요.

운이 좋지 않은 날이었어요.

B Crossword Puzzle

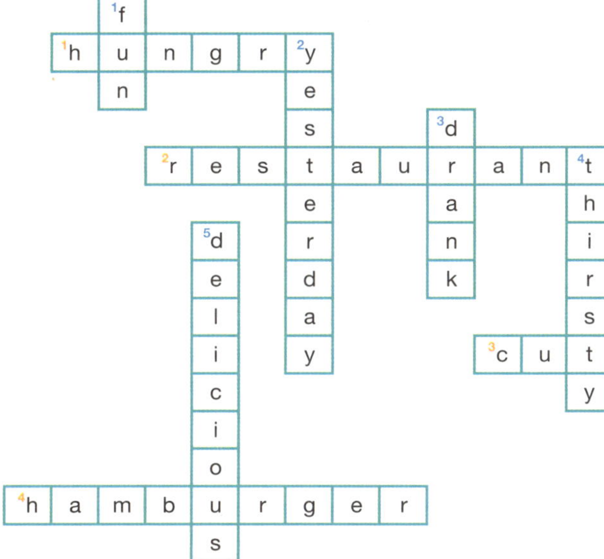

C Correct

1 I <u>fed</u> the monkeys.

2 You didn't <u>take</u> a picture.

3 Did she <u>sit</u> on the table?

4 <u>Were</u> you thirsty?

Words fed feed(먹이를 주다)의 과거형 monkey 원숭이 take a picture 사진을 찍다 sit 앉다

Translation

1 나는 원숭이들에게 먹이를 주었다.

2 너는 사진을 찍지 않았다.

3 그 여자는 식탁에 앉았니?

4 너는 목이 마르니?

D Question & Answer

1

Q Did you <u>drink</u> milk?

A (Yes / No), I <u>did</u>.

Translation

Q 너는 우유를 마셨니?

A 그래, 마셨어.

2

Q <u>Was</u> she angry yesterday?

A (Yes / No), <u>she</u> <u>wasn't</u>.

Translation

Q 그녀는 어제 화가 났었니?

A 아니, 그렇지 않았어.

3

Q <u>Were</u> they at the park?

A <u>No</u>, they weren't. They <u>were</u> at the <u>school</u>.

Words park 공원

Translation

Q 그들은 공원에 있었니?

A 아니, 그렇지 않았어. 그들은 학교에 있었어.

4

Q Did they <u>stop</u> at the ice cream shop?

A No, they <u>stopped</u> at the bookstore.

Words ice cream shop 아이스크림 가게 bookstore 서점

Translation

Q 그들은 아이스크림 가게에 들렀니?

A 아니, 그들은 서점에 들렀어.

E Changing Sentences

1 We didn't play a board game.

2 I studied English.

3 Did he sleep at his aunt's house?

4 Was she sad?

5 He didn't want to eat ice cream.

6 You liked the bag.

7 They didn't love the weather.

F Making Sentences

1 I slept at my friend's house.

2 Did he eat delicious food?

3 They studied math.

UNIT 10

pp.94~98

 **C**

1 was watching 2 Were / studying
3 wasn't sleeping 4 weren't playing

 **D**

1 Fred wasn't writing a letter.
Was Fred writing a letter?
2 You weren't washing the dishes in the kitchen.
Were you washing the dishes in the kitchen?

 **E**

Translation

날짜: 2015년 2월 15일

일기장에게,
오후에 지진이 일어났었어.
나는 교실에서 공부를 하고 있었냐고?
아니, 그렇지 않았어. 나는 공부하고 있지 않았어.
샐리와 나는 구내식당에서 점심식사를 하고 있었어.
지미는 도서관에서 책을 읽고 있었지.
티나는 교실에서 숙제를 하고 있었고.
스캇은 체육관에서 물을 마시고 있었어.
제시카는 화장실에서 손을 씻고 있었어.
우리는 매우 무서웠었어.

Date: February 15, 2015

Dear Diary,
There was an earthquake in the afternoon.
Was I studying in the classroom?
No, I wasn't. I wasn't studying.
Sally and I were having lunch in the cafeteria.
Jimmy was reading a book in the library.
Tina was doing homework in the classroom.
Scott was drinking water in the gym.
Jessica was washing her hands in the restroom.
We were very scared.

 **F**

1 I wasn't running.
2 Scott was drinking water in the gym.
3 Were you studying in the classroom?

 **G**

Date: March 21, 2015

Dear Diary,
There was a shower in the afternoon.
Were we studying in the classroom?
No, we weren't. We weren't studying.
We were resting on the playground.
Jack and I were playing basketball.
George was writing an email.
Mary and Jane were talking to each other.
Kevin was reading a book.
Fred was watching the football game.
We were all wet!

Words a shower 소나기 rest 쉬다 playground 운동장
write ~을 쓰다 email 이메일 talk to ~와/에게 이야기하다
each other 서로 football game 미식축구 경기 wet 젖은

 **H**

Date: January 19, 2015

Dear Diary,
There was a snowstorm in the afternoon.
Was I studying in the classroom?
No, I wasn't studying.
I was washing my hands in the restroom.
Helen was listening to music.
Ron and Mike were playing handball in the gym.
Laura was doing homework in the classroom.
Jeff was eating sandwiches in the cafeteria.
We were all scared.

UNIT 11

pp.102~106

 **C**

1 can ride 2 cannot play
3 can drink 4 Can / play

D

1 He can't[cannot] speak English.
  Can he speak English?
2 You can't[cannot] eat cold ice cream.
  Can you eat cold ice cream?

E

 **Translation**

나는 아프다. 나는 독감에 걸렸다.
의사선생님이 나는 밖에 나가면 안 된다고 말씀하셨다.
나는 공놀이를 하면 안 된다.
나는 집에서 책을 읽을 수 있다.
나는 침대에 누워 있어도 된다.
찬물을 마셔도 되냐고?
아니, 안 된다. 나는 찬물을 마시면 안 된다.
어머니께서 나는 따뜻한 물을 마셔도 된다고 말씀하셨다.
나는 아이스크림을 먹고 싶다.
나는 밖에 나가 놀고 싶다.
나는 축구를 아주 잘할 수 있다.

I am sick. I have the flu.
The doctor said I cannot go outside.
I cannot play ball.
I can read a book inside my home.
I can lie in bed.
Can I drink cold water?
No, I can't. I can't drink cold water.
Mother said I can drink warm water.
I want to eat ice cream.
I want to play outside.
I can play soccer very well.

Words sick 아픈 have the flu 독감에 걸리다 said 말하였다(동사 say의 과거형) lie 눕다 very well 아주 잘

F

1 I can go outside.
2 I cannot play ball.
3 Can I drink cold water?

G

I am sick. I have a stomachache.

The doctor said I can't eat cold food.
I cannot drink milk.
I can eat hot food.
Can I eat fried chicken?
No, I can't. I can't eat fried chicken.
Mother said I can eat vegetable soup.
I want to drink cold milk.
I want to eat meat.
I can eat a lot of meat.

H

I am sick. I have a cold.
The doctor said I cannot go outside.
I can't ride a bike.
I can watch DVDs inside my home.
I can lie in bed.
Can I eat cold food?
No, I can't. I can't eat cold food.
Mom said I can eat hot food.
I want to eat cold noodles.
I want to ride a bike.
I can ride a bike very fast.

UNIT 12

pp.110~114

C

1 have to go   2 has to clean
3 doesn't have to

D

1 I have to clean my room.
2 He has to do the laundry.
3 Gina doesn't have to wipe the floor.
4 We don't have to go to bed before 10 o'clock.

E

 **Translation**

나는 집에서 해야 할 몇 가지 일들이 있다.
나는 내 침대를 정리해야 된다.

나는 내 책상을 청소해야 한다.
나는 고양이에게 밥을 줘야 한다.
나는 저녁식사 전에 숙제를 해야 한다.
그리고 나는 10시 이전에 잠자리에 들어야 한다.
나는 집에서 하지 않아도 되는 몇 가지 일들이 있다.
나는 설거지를 하지 않아도 된다.
나는 진공청소기로 집을 청소하지 않아도 된다.
나는 빨래를 하지 않아도 된다.

There are some things I have to do at home.
I have to make my bed.
I have to clean my desk.
I have to feed the cat.
I have to do my homework before dinner.
And I have to go to bed before 10.
There are some things I don't have to do at home.
I don't have to wash the dishes.
I don't have to vacuum the house.
I don't have to do the laundry.

Words things I have to do 내가 해야 할 일들 at home 집에서 go to bed 잠자리에 들다 things I don't have to do 내가 하지 않아도 되는 일들 vacuum 진공청소기를 돌리다

1 I have to feed the cat.
2 He has to vacuum.
3 I don't have to do the laundry.

There are some things I have to do at home.
I have to clean my room.
I have to play with my brother.
I have to sweep the yard.
I have to set the table.
And I have to get up at seven thirty.
There are some things I don't have to do at home.
I don't have to cook food.
I don't have to clean the house.
I don't have to feed the dog.

There are some things I have to do at home.
I have to feed the goldfish.
I have to clean the bathroom.
I have to clean my desk.
And I have to go to bed before 11 o'clock.
There are some things I don't have to do at home.
I don't have to set the table.
I don't have to wipe the floor.
I don't have to walk the dog.

Unit 10~12
REVIEW *TEST*   pp.116~119

 My Sister, Helen
My sister, Helen went to winter camp last Saturday.
1 She was skiing and playing in the snow.
Helen came home today.
Now she has a cold.
2 She cannot talk.
3 She has to go to the doctor.
The doctor said 4 she has to stay in bed.
5 She can't drink cold water.
6 She doesn't have to study.
She doesn't have to clean her room.
I want to have a cold, too.

Words ski 스키를 타다 cold 감기 go to the doctor 병원에 가다 stay 머무르다

헬렌이 할 수 없는 것과 하지 않아도 되는 것
• Helen cannot <u>talk / drink cold water</u>.
• Helen doesn't have to <u>study / clean her room</u>.

Translation
나의 여동생 헬렌은 지난 토요일에 겨울 캠프에 갔다.
그녀는 눈에서 스키를 타기도 하며 놀고 있었다.
헬렌은 오늘 집에 왔다.
지금 그녀는 감기에 걸렸다.
그녀는 말을 할 수 없다.
그녀는 병원에 가야만 한다.
의사선생님이 그 애는 침대에 누워 있어야만 한다고 말씀하셨다.
그녀는 찬물을 마실 수 없다.

그녀는 공부를 안 해도 된다.
그녀는 방 청소를 안 해도 된다.
나도 감기에 걸렸으면 좋겠다.

B Word Search

1 laundry   2 gym   3 restroom   4 playground
5 sleep   6 outside 7 cold   8 vacuum
9 hot   10 cafeteria 11 lie   12 flu

c	a	f	e	t	e	r	i	a	r	p	h
d	r	e	s	t	r	o	o	m	a	l	j
o	r	i	o	s	l	e	e	p	e	a	u
f	l	j	h	g	k	k	b	p	h	y	i
e	a	w	o	u	t	s	i	d	e	g	e
t	u	p	t	r	g	h	c	f	p	r	f
y	n	f	j	c	o	l	d	b	a	o	e
o	d	s	e	o	y	l	p	i	b	u	o
w	r	v	a	c	u	u	m	f	j	n	y
g	y	m	c	i	r	g	i	o	u	d	m
o	n	a	y	t	l	i	e	v	b	z	o
u	r	w	a	r	m	e	z	e	f	l	u

C Match

1 I wasn't — washing my hands in the restroom.
2 We don't — have to go to school tomorrow.
3 Was she — listening to music?
4 Can Mary — play the flute?

Words tomorrow 내일 listen to ~을 듣다 flute 플루트

Translation

1 나는 화장실에서 손을 씻고 있지 않았다.
2 우리는 내일 학교에 안 가도 된다.
3 그녀는 음악을 듣고 있었니?
4 메리는 플루트를 불 수 있니?

D Question & Answer

1

Q Can he play the piano?
A Yes, he can.

Words play the piano 피아노를 치다

Translation

Q 그는 피아노를 칠 수 있니?
A 그래, 칠 수 있어.

2

Q What does she have to do?
A She has to feed the dog.

Translation

Q 그녀는 무엇을 해야 하니?
A 그녀는 개에게 먹이를 줘야 해.

3

Q Were they playing a video game yesterday?
A Yes, they were.

Words video game 비디오 게임

Translation

Q 그들은 어제 비디오 게임을 하고 있었니?
A 네, 하고 있었어요.

4

Q Can I play the video game?
A No, you can't.

Translation

Q 비디오 게임을 해도 돼요?
A 아니, 안 돼.

E Changing Sentences

1 I can't go outside.
2 Can Scott play the flute?
3 He doesn't have to make his bed.
4 Were they exercising in the gym?
5 Can he eat cold ice cream?
6 I don't have to do my homework.

F Making Sentences

1 Was she brushing her teeth?
2 They can speak English.
3 We have to clean our desk.

차근차근 그래머 & 라이팅 2

저자 | E2K
초판 1쇄 발행 | 2015년 4월 8일
초판 2쇄 발행 | 2021년 3월 5일

발행인 | 박효상
편집장 | 김현
기획 · 편집 | 김설아
디자인 | 이연진
마케팅 | 이태호, 이전희
관리 | 김태옥

편집 | 강윤혜
디자인 | 신지아

종이 | 월드페이퍼
인쇄 · 제본 | 현문자현

출판등록 | 제10-1835호
발행처 | 사람in
주소 | 04034 서울시 마포구 양화로11길 14-10(서교동) 3F
전화 | 02) 338-3555(代)   팩스 | 02) 338-3545
E-mail | saramin@netsgo.com
Website | www.saramin.com

:: 책값은 뒤표지에 있습니다.
:: 파본은 바꾸어 드립니다.

ⓒ Saramin 2015

ISBN 978-89-6049-421-3 13740
       978-89-6049-419-0 (set)

우아한 지적만보, 기민한 실사구시 **사람in**

차근차근
그래머&
Grammar
라이팅
Writing